René Guénon

LA GRANDE TRIADE
(1946)

© 2024, René Guénon (domaine public)
Édition : BoD · Books on Demand, 31 avenue Saint-Rémy, 57600 Forbach, bod@bod.fr
Impression : Libri Plureos GmbH, Friedensallee 273, 22763 Hamburg (Allemagne)
ISBN : 978-2-3225-2095-4
Dépôt légal : Décembre 2024

SOMMAIRE

Avant-Propos

Chapitre I Ternaire et Trinité

Chapitre II Différents Genres de Ternaires

Chapitre III Ciel et Terre

Chapitre IV «Yin» et «Yang»

Chapitre V La Double Spirale

Chapitre VI «Solve» et «Coagula»

Chapitre VII Questions d'Orientation

Chapitre VIII Nombres Célestes et Nombres Terrestres

Chapitre IX Le Fils du Ciel et de la Terre

Chapitre X L'homme et les Trois Mondes

Chapitre XI «Spiritus», «Anima», «Corpus»

Chapitre XII Le Soufre, le Mercure et le Sel

Chapitre XIII L'Être et le Milieu

Chapitre XIV Le Médiateur

Chapitre XV Entre l'Equerre et le Compas

Chapitre XVI Le «Ming-tang»

Chapitre XVII Le *WANG* ou Roi-Pontife

Chapitre XVIII L'homme Véritable et l'Homme Transcendant

Chapitre XIX «Deus», «Homo», «Natura»

Chapitre XX Déformations Philosophiques Modernes

Chapitre XXI Providence, Volonté, Destin

Chapitre XXII Le Triple Temps

Chapitre XXIII La Roue Cosmique
Chapitre XXIV Le «Triratna»
Chapitre XXV La Cité des Saules
Chapitre XXVI La Voie du Milieu

AVANT-PROPOS

Beaucoup comprendront sans doute, par le seul titre de cette étude, qu'elle se rapporte surtout au symbolisme de la tradition extrême-orientale, car on sait assez généralement le rôle que joue dans celle-ci le ternaire formé par les termes « Ciel, Terre, Homme » (*Tien-ti-jen*) ; c'est ce ternaire que l'on s'est habitué à désigner plus particulièrement par le nom de « Triade », même si l'on n'en comprend pas toujours exactement le sens et la portée, que nous nous attacherons précisément à expliquer ici, en signalant d'ailleurs aussi les correspondances qui se trouvent à cet égard dans d'autres formes traditionnelles ; nous y avons déjà consacré un chapitre dans une autre étude[1], mais le sujet mérite d'être traité avec plus de développements. On sait également qu'il existe en Chine une « société secrète », ou ce qu'on est convenu d'appeler ainsi, à laquelle on a donné en Occident le même nom de « Triade » ; comme nous n'avons pas l'intention d'en traiter spécialement, il sera bon de dire tout de suite quelques mots à ce sujet afin de n'avoir pas à y revenir dans le cours de notre exposé[2].

Le véritable nom de cette organisation est *Tien-ti-houei*, que l'on peut traduire par « Société du Ciel et de la Terre », à la condition de faire toutes les réserves nécessaires sur l'emploi du mot « société », pour les raisons que nous avons expliquées ailleurs[3], car ce dont il s'agit, bien qu'étant d'un ordre relativement extérieur, est pourtant loin de présenter tous les caractères spéciaux que ce mot évoque inévitablement dans le monde occidental moderne. On remarquera que les deux premiers termes de la Triade traditionnelle figurent seuls dans ce titre ; s'il en est ainsi, c'est que, en réalité, l'organisation elle-même (*houei*), par ses membres pris tant collectivement qu'individuellement, tient ici la place du troisième, comme le feront mieux comprendre quelques-unes des considérations que nous aurons à développer[4]. On dit souvent que cette même organisation est connue encore sous un assez grand nombre d'autres appellations diverses, parmi lesquelles il en est où l'idée du ternaire est expressément mentionnée[5] ; mais, à vrai dire, il y a là une inexactitude : ces appellations ne s'appliquent proprement qu'à des branches particulières ou à des « émanations » temporaires de cette organisation, qui apparaissent à tel ou tel moment de l'histoire et disparaissent lorsqu'elles ont fini de jouer le rôle auquel elles étaient plus spécialement destinées[6].

Nous avons déjà indiqué ailleurs quelle est la vraie nature de toutes les organisations de ce genre[7] : elles doivent toujours être considérées, en définitive, comme procédant de la hiérarchie taoïste, qui les a suscitées et qui les dirige invisiblement, pour les besoins d'une action plus ou moins extérieure dans laquelle elle ne saurait intervenir elle-même directement, en vertu du principe du « non-agir » (*wou-wei*), suivant lequel son rôle est essentiellement celui du « moteur immobile », c'est-à-dire du centre qui régit le mouvement de toutes choses sans y participer. Cela, la plupart des sinologues l'ignorent naturellement, car leurs études, étant donné le point de vue spécial auquel ils les entreprennent, ne peuvent guère leur apprendre que, en Extrême-Orient, tout ce qui est d'ordre ésotérique ou initiatique, à quelque degré que ce soit, relève nécessairement du Taoïsme ; mais ce qui est assez curieux malgré tout, c'est que ceux mêmes qui ont discerné dans les « sociétés secrètes » une certaine influence taoïste n'ont pas su aller plus loin et n'en ont tiré aucune conséquence importante. Ceux-là, constatant en même temps la présence d'autres éléments, et notamment d'éléments bouddhiques, se sont empressés de prononcer à ce propos le mot de « syncrétisme », sans se douter que ce qu'il désigne est quelque chose de tout à fait contraire, d'une part, à l'esprit éminemment « synthétique » de la race chinoise, et aussi, d'autre part, à l'esprit initiatique dont procède évidemment ce dont il s'agit, même si ce ne sont là, sous ce rapport, que des formes assez éloignées du centre[8]. Certes, nous ne voulons pas dire que tous les membres de ces organisations relativement extérieures doivent avoir conscience de l'unité fondamentale de toutes les traditions ; mais cette conscience, ceux qui sont derrière ces mêmes organisations et qui les inspirent la possèdent forcément en leur qualité d'« hommes véritables » (*tchenn-jen*), et c'est ce qui leur permet d'y introduire, lorsque les circonstances le rendent opportun ou avantageux, des éléments formels appartenant en propre à différentes traditions[9].

Nous devons insister quelque peu, à cet égard, sur l'utilisation des éléments de provenance bouddhique, non pas tant parce que ce sont sans doute les plus nombreux, ce qui s'explique facilement par le fait de la grande extension du Bouddhisme en Chine et dans tout l'Extrême-Orient, que parce qu'il y a à cette utilisation une raison d'ordre plus profond qui la rend particulièrement intéressante, et sans laquelle, à vrai dire, cette extension même du Bouddhisme ne se serait peut-être pas produite. On pourrait trouver sans peine de multiples exemples de cette utilisation, mais, à côté de ceux qui ne présentent par eux-mêmes qu'une importance en quelque sorte secondaire, et qui valent précisément surtout par leur grand nombre, pour attirer et retenir l'attention de l'observateur du dehors, et pour la détourner par là même de ce qui a un caractère plus essentiel[10], il en est au moins un, extrêmement net, qui porte sur quelque chose de plus que de simples détails : c'est l'emploi du symbole du « Lotus blanc » dans le titre même de l'autre organisation extrême-orientale qui se situe au même niveau que la *Tien-ti-houei* [11]. En effet, *Pe-lien-che* ou *Pe-lien-tsong*, nom d'une école bouddhique, et *Pe-lien-kiao* ou *Pe-lien-houei*, nom de l'organisation dont il s'agit, désignent deux choses entièrement différentes ; mais il y a, dans l'adoption de ce nom par cette organisation émanée du Taoïsme, une sorte d'équivoque voulue, aussi bien que dans certains rites d'apparence bouddhique, ou encore dans les « légendes » où des moines bouddhistes jouent presque constamment un rôle plus ou moins important. On voit assez clairement, par un exemple comme celui-là, comment le Bouddhisme peut servir de « couverture » au Taoïsme, et comment il a pu, par là, éviter à celui-ci l'inconvénient de s'extérioriser plus qu'il n'eût convenu à une doctrine qui, par définition même, doit être toujours réservée à une élite restreinte. C'est pourquoi le Taoïsme a pu favoriser la diffusion du Bouddhisme en Chine, sans qu'il y ait lieu d'invoquer des affinités originelles qui n'existent que dans l'imagination de quelques orientalistes ; et, d'ailleurs, il l'a pu d'autant mieux que, depuis que les deux parties ésotérique et exotérique de la tradition extrême-orientale avaient été constituées en deux branches de doctrine aussi profondément distinctes que le sont le Taoïsme et le Confucianisme, il était facile de trouver place, entre l'une et l'autre, pour quelque chose qui relève d'un ordre en quelque sorte intermédiaire. Il y a lieu d'ajouter que, de ce fait, le Bouddhisme chinois a été lui-même influencé dans une assez large mesure par le Taoïsme, ainsi que le montre l'adoption de certaines méthodes d'inspiration manifestement taoïste par quelques-unes de ses écoles, notamment celle de *Tchan* [12], et aussi l'assimilation de certains symboles de provenance non moins essentiellement taoïste, comme celui de *Kouanyin* par exemple ; et il est à peine besoin de faire remarquer qu'il devenait ainsi beaucoup plus apte encore à jouer le rôle que nous venons d'indiquer.

Il est aussi d'autres éléments dont les partisans les plus décidés de la théorie des « emprunts » ne pourraient guère songer à expliquer la présence par le « syncrétisme », mais qui, faute de connaissances initiatiques chez ceux qui ont voulu étudier les « sociétés secrètes » chinoises, sont demeurés pour eux comme une énigme insoluble : nous voulons parler de ceux par lesquels s'établissent des similitudes parfois frappantes entre ces organisations et celles du même ordre qui appartiennent à d'autres formes traditionnelles. Certains ont été jusqu'à envisager à ce sujet, en particulier, l'hypothèse d'une origine commune de la « Triade » et de la Maçonnerie, sans pouvoir d'ailleurs l'appuyer par des raisons bien solides, ce qui n'a assurément rien d'étonnant ; ce n'est pourtant pas que cette idée soit à rejeter absolument, mais à la condition de l'entendre en un tout autre sens qu'ils ne l'ont fait, c'est-à-dire de la rapporter, non pas à une origine historique plus ou moins lointaine, mais seulement à l'identité des principes qui président à toute initiation, qu'elle soit d'Orient ou d'Occident ; pour en avoir la véritable explication, il faudrait remonter bien au-delà de l'histoire, nous voulons dire jusqu'à la Tradition primordiale elle-même[13]. Pour ce qui est de certaines similitudes qui semblent porter sur des points plus spéciaux, nous dirons seulement que des choses telles que l'usage du symbolisme des nombres, par exemple, ou encore celui du symbolisme « constructif », ne sont nullement particulières à telle ou telle forme initiatique, mais qu'elles sont au contraire de celles qui se retrouvent partout avec de simples différences d'adaptation, parce qu'elles se réfèrent à des sciences ou à des arts qui existent également, et avec le même caractère « sacré », dans toutes les traditions ; elles appartiennent donc réellement au domaine de l'initiation en général, et par conséquent, pour ce qui est de l'Extrême-Orient, elles appartiennent en propre au domaine du Taoïsme ; si les éléments adventices, bouddhiques ou autres, sont plutôt un « masque », ceux-là, tout au contraire, font vraiment partie de l'essentiel.

Quand nous parlons ici du Taoïsme, et quand nous disons que telles ou telles choses relèvent de celui-ci, ce qui est le cas de la plupart des considérations que nous aurons à exposer dans cette étude, il nous faut encore préciser que ceci doit s'entendre par rapport à l'état actuel de la tradition extrême-orientale, car des esprits trop portés à tout envisager « historiquement » pourraient être tentés d'en conclure qu'il s'agit de conceptions qui ne se rencontrent pas antérieurement à la formation de ce qu'on appelle proprement le Taoïsme, alors que, bien loin de là, elles se trouvent constamment dans tout ce qu'on connaît de la tradition chinoise depuis l'époque la plus reculée à laquelle il soit possible de remonter, c'est-à-dire en somme depuis l'époque de Fo-hi. C'est que, en réalité, le Taoïsme n'a rien « innové » dans le domaine ésotérique et initiatique, non plus d'ailleurs que le Confucianisme dans le domaine exotérique et social ; l'un et l'autre sont seulement, chacun dans son ordre, des « réadaptations » nécessitées par des conditions du fait desquelles la tradition, dans sa forme première, n'était plus intégralement comprise[14]. Dès lors, une partie de la tradition antérieure rentrait dans le Taoïsme et une autre dans le

Confucianisme, et cet état de choses est celui qui a subsisté jusqu'à nos jours ; rapporter telles conceptions au Taoïsme et telles autres au Confucianisme, ce n'est aucunement les attribuer à quelque chose de plus ou moins comparable à ce que les Occidentaux appelleraient des « systèmes », et ce n'est, au fond, pas autre chose que de dire qu'elles appartiennent respectivement à la partie ésotérique et à la partie exotérique de la tradition extrême-orientale.

Nous ne reparlerons pas spécialement de la *Tien-ti-houei*, sauf quand il y aura lieu de préciser quelques points particuliers, car ce n'est pas là ce que nous nous proposons ; mais ce que nous dirons au cours de notre étude, en outre de sa portée beaucoup plus générale, montrera implicitement sur quels principes repose cette organisation, en vertu de son titre même, et permettra de comprendre par là comment, malgré son extériorité, elle a un caractère réellement initiatique, qui assure à ses membres une participation au moins virtuelle à la tradition taoïste. En effet, le rôle qui est assigné à l'homme comme troisième terme de la Triade est proprement, à un certain niveau, celui de l'« homme véritable » (*tchenn-jen*), et, à un autre, celui de l'« homme transcendant » (*cheun-jen*), indiquant ainsi les buts respectifs des « petits mystères » et des « grands mystères », c'est-à-dire les buts mêmes de toute initiation. Sans doute, cette organisation, par elle-même, n'est pas de celles qui permettent d'y parvenir effectivement ; mais elle peut du moins y préparer, si lointainement que ce soit, ceux qui sont « qualifiés », et elle constitue ainsi un des « parvis » qui peuvent, pour ceux-là, donner accès à la hiérarchie taoïste, dont les degrés ne sont autres que ceux de la réalisation initiatique elle-même.

CHAPITRE I
TERNAIRE ET TRINITÉ

Avant d'aborder l'étude de la Triade extrême-orientale, il convient de se mettre soigneusement en garde contre les confusions et les fausses assimilations qui ont généralement cours en Occident, et qui proviennent surtout de ce qu'on veut trouver dans tout ternaire traditionnel, quel qu'il soit, un équivalent plus ou moins exact de la Trinité chrétienne. Cette erreur n'est pas seulement le fait de théologiens, qui seraient encore excusables de vouloir tout ramener ainsi à leur point de vue spécial ; ce qui est le plus singulier, c'est qu'elle est commise même par des gens qui sont étrangers ou hostiles à toute religion, y compris le Christianisme, mais qui, du fait du milieu où ils vivent, connaissent malgré tout celui-ci davantage que les autres formes traditionnelles (ce qui d'ailleurs ne veut pas dire qu'ils le comprennent beaucoup mieux au fond), et qui, par suite, en font plus ou moins inconsciemment une sorte de terme de comparaison auquel ils cherchent à rapporter tout le reste. Parmi tous les exemples qu'on pourrait donner de ces assimilations abusives, un de ceux qui se rencontrent le plus fréquemment est celui qui concerne la *Trimûrti* hindoue, à laquelle on donne même couramment le nom de « Trinité », qu'il est au contraire indispensable, pour éviter toute méprise, de réserver exclusivement à la conception chrétienne qu'il a toujours été destiné à désigner proprement.

En réalité, dans les deux cas, il s'agit bien évidemment d'un ensemble de trois aspects divins, mais là se borne toute la ressemblance ; ces aspects n'étant nullement les mêmes de part et d'autre, et leur distinction ne répondant en aucune façon au même point de vue, il est tout à fait impossible de faire correspondre respectivement les trois termes de l'un de ces deux ternaires à ceux de l'autre[15].

La première condition, en effet, pour qu'on puisse songer à assimiler plus ou moins complètement deux ternaires appartenant à des formes traditionnelles différentes, c'est la possibilité d'établir valablement entre eux une correspondance terme à terme ; autrement dit, il faut que leurs termes soient réellement entre eux dans un rapport équivalent ou similaire. Cette condition n'est d'ailleurs pas suffisante pour qu'il soit permis d'identifier purement et simplement ces deux ternaires, car il peut se faire qu'il y ait correspondance entre des ternaires, qui, tout en étant ainsi de même type, pourrait-on dire, se situent cependant à des niveaux différents, soit dans l'ordre principiel, soit dans l'ordre de la manifestation, soit même respectivement dans l'un et dans l'autre. Bien entendu, il peut également en être ainsi pour des ternaires envisagés par une même tradition ; mais, dans ce cas, il est plus facile de se méfier d'une identification erronée, car il va de soi que ces ternaires ne doivent pas faire double emploi entre eux, tandis que, quand il s'agit de traditions différentes, on est plutôt tenté, dès que les apparences s'y prêtent, d'établir des équivalences qui peuvent n'être pas justifiées au fond. Quoi qu'il en soit, l'erreur n'est jamais aussi grave que lorsqu'elle consiste à identifier des ternaires qui n'ont de commun que le seul fait d'être précisément des ternaires, c'est-à-dire des ensembles de trois termes, et où ces trois termes sont entre eux dans des rapports tout à fait différents ; il faut donc, pour savoir ce qu'il en est, déterminer tout d'abord à quel type de ternaire on a affaire dans chaque cas, avant même de rechercher à quel ordre de réalité il se rapporte ; si deux ternaires sont du même type, il y aura correspondance entre eux, et, si en outre ils se situent dans le même ordre ou plus précisément au même niveau, il pourra alors y avoir identité, si le point de vue auquel ils répondent est le même, ou tout au moins équivalence, si ce point de vue est plus ou moins différent. C'est avant tout faute de faire les distinctions essentielles entre différents types de ternaires qu'on en arrive à toute sorte de rapprochements fantaisistes et sans la moindre portée réelle, comme ceux auxquels se complaisent notamment les occultistes, à qui il suffit de rencontrer quelque part un groupe de trois termes quelconques pour qu'ils s'empressent de le mettre en correspondance avec tous les autres groupes qui se trouvent ailleurs et qui en contiennent le même nombre ; leurs ouvrages sont remplis de tableaux constitués de cette façon, et dont certains sont de véritables prodiges d'incohérence et de confusion[16].

Comme nous le verrons plus complètement par la suite, la Triade extrême-orientale appartient au genre de ternaires qui sont formés de deux termes complémentaires et d'un troisième terme qui est le produit de l'union de ces deux premiers, ou, si l'on veut, de leur action et réaction réciproque ; si l'on prend pour symboles des images empruntées au domaine humain, les trois termes d'un tel ternaire pourront donc, d'une façon générale, être représentés comme le Père, la Mère et le Fils[17]. Or il est manifestement impossible de faire correspondre ces trois termes à ceux de la Trinité chrétienne, où les deux premiers ne sont point complémentaires et en quelque sorte symétriques, mais où le second est au contraire dérivé du premier seul ; quant au troisième, quoiqu'il procède bien des deux autres, cette procession n'est aucunement conçue comme une génération ou une filiation, mais constitue un autre rapport essentiellement différent de celui-là, de quelque façon qu'on veuille d'ailleurs essayer de le définir, ce que nous n'avons pas à examiner plus précisément ici. Ce qui peut donner lieu à quelque équivoque, c'est que deux des termes sont désignés ici encore comme le Père et le Fils ; mais, d'abord, le Fils est le second terme et non plus le troisième, et, ensuite, le troisième terme ne saurait en aucune façon correspondre à la Mère, ne serait-ce, même à défaut de toute autre raison, que parce qu'il vient après le Fils et non avant lui. Il est vrai que certaines sectes chrétiennes plus ou moins hétérodoxes ont prétendu faire le Saint-Esprit féminin, et que, par là, elles ont souvent voulu justement lui attribuer un caractère comparable à celui de la Mère ; mais il est très probable que, en cela, elles ont été influencées par une fausse assimilation de la Trinité avec quelque ternaire du genre dont nous venons de parler, ce qui montrerait que les erreurs de cette sorte ne sont pas exclusivement propres aux modernes. Au surplus, et pour nous en tenir à cette seule considération, le caractère féminin attribué ainsi au Saint-Esprit ne s'accorde aucunement avec le rôle, essentiellement masculin et « paternel » tout au contraire, qui est incontestablement le sien dans la génération du Christ ; et cette remarque est importante pour nous, parce que c'est précisément là, et non point dans la conception de la Trinité, que nous pouvons trouver, dans le Christianisme, quelque chose qui correspond en un certain sens, et avec toutes les réserves qu'exige toujours la différence des points de vue, aux ternaires du type de la Triade extrême-orientale[18].

En effet, l'« opération du Saint-Esprit », dans la génération du Christ, correspond proprement à l'activité « non-agissante » de *Purusha*, ou du « Ciel » selon le langage de la tradition extrême-orientale ; la Vierge, d'autre part, est une parfaite image de *Prakriti*, que la même tradition désigne comme la « Terre »[19] ; et, quant au Christ lui-même, il est encore plus évidemment identique à l'« Homme Universel »[20]. Ainsi, si l'on veut trouver une concordance, on devra dire, en employant les termes de la théologie chrétienne, que la Triade ne se rapporte point à la génération du Verbe *ad intra*, qui est incluse dans la conception de la Trinité, mais bien à sa génération *ad extra*, c'est-à-dire, suivant la tradition hindoue, à la naissance de l'*Avatâra* dans le monde manifesté[21]. Cela est d'ailleurs facile à comprendre, car la Triade, partant de la considération de *Purusha* et de *Prakriti*, ou de leurs équivalents, ne peut effectivement se situer que du côté de la manifestation, dont ses deux premiers termes sont les deux pôles[22] ; et l'on pourrait dire qu'elle la remplit tout entière, car, ainsi qu'on le verra par la suite, l'Homme y apparaît véritablement comme la synthèse des « dix mille êtres », c'est-à-dire de tout ce qui est contenu dans l'intégralité de l'Existence universelle.

CHAPITRE II
DIFFÉRENTS GENRES DE TERNAIRES

Retour au sommaire

Ce que nous venons de dire détermine déjà le sens de la Triade, en même temps qu'il montre la nécessité d'établir une distinction nette entre les ternaires de différents genres ; à vrai dire, ces genres peuvent être multipliés, car il est évident que trois termes peuvent se grouper suivant des rapports très divers, mais nous insisterons seulement sur les deux principaux, non seulement parce que ce sont ceux qui présentent le caractère le plus général, mais aussi parce qu'ils se rapportent plus directement au sujet même de notre étude ; et, en outre, les remarques que nous allons avoir à faire à ce propos nous permettront d'écarter dès maintenant l'erreur grossière de ceux qui ont prétendu trouver un « dualisme » dans la tradition extrême-orientale. L'un de ces deux genres est celui où le ternaire est constitué par un principe premier (au moins en un sens relatif) dont dérivent deux termes opposés, ou plutôt complémentaires, car, là même où l'opposition est dans les apparences et a sa raison d'être à un certain niveau ou dans un certain domaine, le complémentarisme répond toujours à un point de vue plus profond, et par conséquent plus vraiment conforme à la nature réelle de ce dont il s'agit ; un tel ternaire pourra être représenté par un triangle dont le sommet est placé en haut (fig. 1). L'autre genre est celui où le ternaire est formé, comme nous l'avons dit précédemment, par deux termes complémentaires et par leur produit ou leur résultante, et c'est à ce genre qu'appartient la Triade extrême-orientale ; à l'inverse du précédent, ce ternaire pourra être représenté par un triangle dont la base est au contraire placée en haut (fig. 2) [23]. Si l'on compare ces deux triangles, le second apparaît en quelque sorte comme un reflet du premier, ce qui indique que, entre les ternaires correspondants, il y a analogie dans la véritable signification de ce mot, c'est-à-dire devant être appliquée en sens inverse ; et, en effet, si l'on part de la considération des deux termes complémentaires, entre lesquels il y a nécessairement symétrie, on voit que le ternaire est complété dans le premier cas par leur principe, et dans le second, au contraire, par leur résultante, de telle sorte que les deux complémentaires sont respectivement après et avant le terme qui, étant d'un autre ordre, se trouve pour ainsi dire comme isolé vis-à-vis d'eux[24] ; et il est évident que, dans tous les cas, c'est la considération de ce troisième terme qui donne au ternaire comme tel toute sa signification.

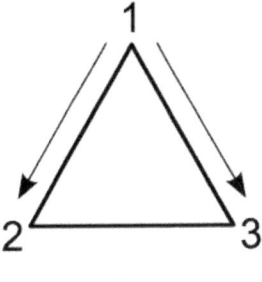
Fig. 1

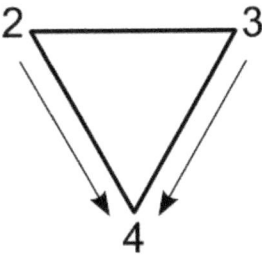
Fig. 2

Maintenant, ce qu'il faut bien comprendre avant d'aller plus loin, c'est qu'il ne pourrait y avoir « dualisme », dans une doctrine quelconque, que si deux termes opposés ou complémentaires (et alors ils seraient plutôt conçus comme opposés) y étaient posés tout d'abord et regardés comme ultimes et irréductibles, sans aucune dérivation d'un principe commun, ce qui exclut évidemment la considération de tout ternaire du premier genre ; on ne pourrait donc trouver dans une telle doctrine que des ternaires du second genre, et, comme ceux-ci, ainsi que nous l'avons déjà indiqué, ne sauraient jamais se rapporter qu'au domaine de la manifestation, on voit immédiatement par là que tout « dualisme » est nécessairement en même temps un « naturalisme ». Mais le fait de reconnaître l'existence d'une dualité et de la situer à la place qui lui convient réellement ne constitue en aucune façon un « dualisme », dès lors que les deux termes de cette dualité procèdent d'un principe unique, appartenant comme tel à un ordre supérieur de réalité ; et il en est ainsi, avant tout, en ce qui concerne la première de toutes les dualités, celle de l'Essence et de la Substance universelle, issues d'une polarisation de l'Être ou de l'Unité principielle, et entre lesquelles se produit toute manifestation. Ce sont les deux termes de cette première dualité qui sont désignés comme *Purusha* et *Prakriti* dans la tradition hindoue, et comme le Ciel (*Tien*) et la Terre (*Ti*) dans la tradition extrême-orientale ; mais ni l'une ni l'autre, non plus d'ailleurs qu'aucune tradition orthodoxe, ne perd de vue, en les considérant, le principe supérieur dont ils sont dérivés. Nous avons exposé amplement, en d'autres occasions, ce qu'il en est à l'égard de la tradition hindoue ; quant à la tradition extrême-orientale, elle envisage non moins explicitement, comme principe commun du Ciel et de la Terre[25], ce qu'elle appelle le « Grand Extrême » (*Tai-ki*), en lequel ils sont indissolublement unis, à l'état « indivisé » et « indistingué »[26], antérieurement à toute différenciation[27], et qui est l'Être pur, identifié comme tel à la « Grande Unité » (*Tai-i*)[28]. En outre, *Tai-ki*, l'Être ou l'Unité transcendante, présuppose lui-même un autre principe, *Wou-ki*, le Non-Être ou le Zéro métaphysique[29] ; mais celui-ci ne peut entrer avec quoi que ce soit dans une relation telle qu'il soit le premier terme d'un ternaire quelconque, toute relation de cette sorte n'étant possible qu'à partir de l'affirmation de l'Être ou de l'Unité[30]. Ainsi, en définitive, on a d'abord un ternaire du premier genre, formé de *Tai-ki*, *Tien* et *Ti*, et ensuite seulement un ternaire du second genre, formé de *Tien*, *Ti* et *Jen*, et qui est celui qu'on a pris l'habitude de désigner comme la « Grande Triade » ; dans ces conditions, il est parfaitement incompréhensible que certains aient pu prétendre attribuer un caractère « dualiste » à la tradition extrême-orientale.

La considération de deux ternaires comme ceux dont nous venons de parler, ayant en commun les deux principes complémentaires l'un de l'autre, nous conduit encore à quelques autres remarques importantes : les deux triangles inverses qui les représentent respectivement peuvent être regardés comme ayant la même base, et, si on les figure unis par cette base commune, on voit d'abord que l'ensemble des deux ternaires forme un quaternaire, puisque, deux termes étant les mêmes dans l'un et dans l'autre, il n'y a en tout que

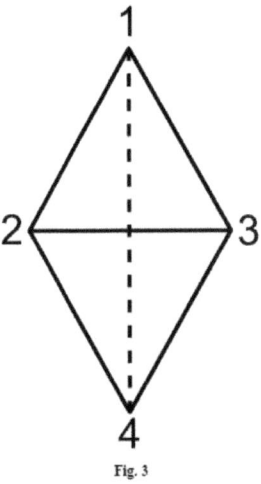
Fig. 3

quatre termes distincts, et ensuite que le dernier terme de ce quaternaire, se situant sur la verticale issue du premier et symétriquement à celui-ci par rapport à la base, apparaît comme le reflet de ce premier terme, le plan de réflexion étant représenté par la base elle-même, c'est-à-dire n'étant que le plan médian où se situent les deux termes complémentaires issus du premier terme et produisant le dernier (fig. 3)[31].

Ceci est facile à comprendre au fond, car, d'une part, les deux complémentaires sont contenus principiellement dans le premier terme, de sorte que leurs natures respectives, même lorsqu'elles semblent contraires, ne sont en réalité que le résultat d'une différenciation de la nature de celui-ci ; et, d'autre part, le dernier terme, étant le produit des deux complémentaires, participe à la fois de l'un et de l'autre, ce qui revient à dire qu'il réunit en quelque façon en lui leurs deux natures, de sorte qu'il est là, à son niveau, comme une image du premier terme ; et cette considération nous amène à préciser encore davantage le rapport des différents termes entre eux.

Nous venons de voir que les deux termes extrêmes du quaternaire, qui sont en même temps respectivement le premier terme du premier ternaire et le dernier du second, sont l'un et l'autre, par leur nature, intermédiaires en quelque sorte entre les deux autres, quoique pour une raison inverse : dans les deux cas, ils unissent et concilient en eux les éléments du complémentarisme, mais l'un en tant que principe, et l'autre en tant que résultante. Pour rendre sensible ce caractère intermédiaire, on peut figurer les termes de chaque ternaire suivant une disposition linéaire[32] : dans le premier cas, le premier terme se situe alors au milieu de la ligne qui joint les deux autres, auxquels il donne naissance simultanément par un mouvement centrifuge dirigé dans les deux sens et qui constitue ce qu'on peut appeler sa polarisation (fig. 4) ; dans le second cas, les deux termes complémentaires produisent, par un mouvement centripète partant à la fois de l'un et de l'autre, une résultante qui est le dernier terme, et qui se situe également au milieu de la ligne qui les joint (fig. 5) ; le principe et la résultante occupent donc ainsi l'un et l'autre une position centrale par rapport aux deux complémentaires, et ceci est particulièrement à retenir en vue des considérations qui suivront.

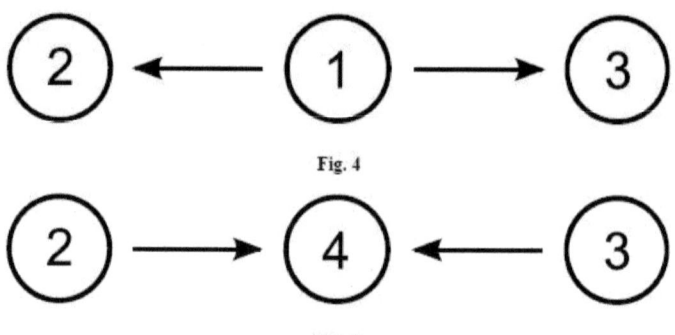

Fig. 4

Fig. 5

Il faut encore ajouter ceci : deux termes contraires ou complémentaires (et qui, au fond, sont toujours plutôt complémentaires que contraires dans leur réalité essentielle) peuvent être, suivant les cas, en opposition horizontale (opposition de la droite et de la gauche) ou en opposition verticale (opposition du haut et du bas), ainsi que nous l'avons déjà indiqué ailleurs[33]. L'opposition horizontale est celle de deux termes qui, se situant à un même degré de réalité, sont, pourrait-on dire, symétriques sous tous les rapports ; l'opposition verticale marque au contraire une hiérarchisation entre les deux termes, qui, tout en étant encore symétriques en tant que complémentaires, sont cependant tels que l'un doit être considéré comme supérieur et l'autre comme inférieur. Il importe de remarquer que, dans ce dernier cas, on ne peut pas situer entre les deux complémentaires, ou au milieu de la ligne qui les joint, le premier terme d'un ternaire du premier genre, mais seulement le troisième terme d'un ternaire du second genre, car le principe ne peut aucunement se trouver à un niveau inférieur à celui de l'un des deux termes qui en sont issus, mais est nécessairement supérieur à l'un et à l'autre, tandis que la résultante, au contraire, est véritablement intermédiaire sous ce rapport également ; et ce dernier cas est celui de la Triade extrême-orientale, qui peut ainsi se disposer suivant une ligne verticale (fig. 6)[34].

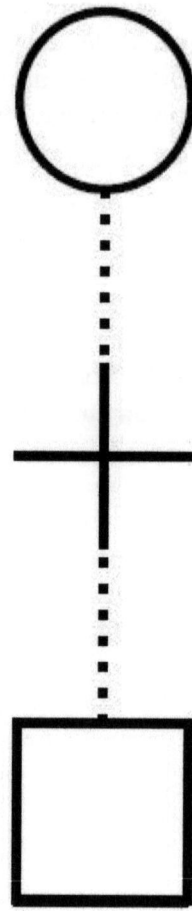

Fig. 6

En effet, l'Essence et la Substance universelle sont respectivement le pôle supérieur et le pôle inférieur de la manifestation, et l'on peut dire que l'une est proprement au-dessus et l'autre au-dessous de toute existence ; d'ailleurs, quand on les désigne comme le Ciel et la Terre, ceci se traduit même, d'une façon très exacte, dans les apparences sensibles qui leur servent de symboles[35]. La manifestation se situe donc tout entière entre ces deux pôles ; et il en est naturellement de même de l'Homme, qui non seulement fait partie de cette manifestation, mais qui en constitue symboliquement le centre même, et qui, pour cette raison, la synthétise dans son intégralité. Ainsi, l'Homme, placé entre le Ciel et la Terre, doit être envisagé tout d'abord comme le produit ou la résultante de leurs influences réciproques ; mais ensuite, par la double nature qu'il tient de l'un et de l'autre, il devient le terme médian ou « médiateur » qui les unit et qui est pour ainsi dire, suivant un symbolisme sur lequel nous reviendrons, le « pont » qui va de l'un à l'autre. On peut exprimer ces deux points de vue par une simple modification de l'ordre dans lequel sont énumérés les termes de la Triade : si on énonce celle-ci dans l'ordre « Ciel, Terre, Homme », l'Homme y apparaît comme le Fils du Ciel et de la Terre ; si on l'énonce dans l'ordre « Ciel, Homme, Terre », il y apparaît comme le Médiateur entre le Ciel et la Terre.

CHAPITRE III
CIEL ET TERRE

Retour au sommaire

« Le Ciel couvre, la Terre supporte » : telle est la formule traditionnelle qui détermine, avec une extrême concision, les rôles de ces deux principes complémentaires, et qui définit symboliquement leurs situations, respectivement supérieure et inférieure, par rapport aux « dix mille êtres », c'est-à-dire à tout l'ensemble de la manifestation universelle[36]. Ainsi sont indiqués, d'une part, le caractère « non-agissant » de l'activité du Ciel ou de *Purusha* [37], et, d'autre part, la passivité de la Terre ou de *Prakriti*, qui est proprement un « terrain »[38] ou un « support » de manifestation[39], et qui est aussi, par suite, un plan de résistance et d'arrêt pour les forces ou les influences célestes agissant en sens descendant. Ceci peut d'ailleurs s'appliquer à un niveau quelconque d'existence, puisqu'on peut toujours envisager, en un sens relatif, l'essence et la substance par rapport à tout état de manifestation, comme étant, pour cet état pris en particulier, les principes qui correspondent à ce que sont l'Essence et la Substance universelles pour la totalité des états de la manifestation[40].

Dans l'Universel, et vus du côté de leur principe commun, le Ciel et la Terre s'assimilent respectivement à la « perfection active » (*Khien*) et à la « perfection passive » (*Khouen*), dont ni l'une ni l'autre ne sont d'ailleurs la Perfection au sens absolu, puisqu'il y a déjà là une distinction qui implique forcément une limitation ; vus du côté de la manifestation, ils sont seulement l'Essence et la Substance, qui, comme telles, se situent à un moindre degré d'universalité, puisqu'elles n'apparaissent ainsi précisément que par rapport à la manifestation[41]. Dans tous les cas, et à quelque niveau qu'on les envisage corrélativement, le Ciel et la Terre sont toujours respectivement un principe actif et un principe passif, ou, suivant un des symbolismes les plus généralement employés à cet égard, un principe masculin et un principe féminin, ce qui est bien le type même du complémentarisme par excellence. C'est de là que dérivent, d'une façon générale, tous leurs autres caractères, qui sont en quelque sorte secondaires par rapport à celui-là ; cependant, à cet égard, il faut bien prendre garde à certains échanges d'attributs qui pourraient donner lieu à des méprises, et qui sont d'ailleurs assez fréquents dans le symbolisme traditionnel quand il s'agit des relations entre principes complémentaires ; nous aurons à revenir sur ce point par la suite, notamment au sujet des symboles numériques qui sont rapportés respectivement au Ciel et à la Terre.

On sait que, dans un complémentarisme dont les deux termes sont envisagés comme actif et passif l'un par rapport à l'autre, le terme actif est généralement symbolisé par une ligne verticale et le terme passif par une ligne horizontale[42] ; le Ciel et la Terre sont aussi représentés parfois conformément à ce symbolisme. Seulement, dans ce cas, les deux lignes ne se traversent pas, comme elles le font le plus habituellement, de façon à former une croix, car il est évident que le symbole du Ciel doit être situé tout entier au-dessus de celui de la Terre : c'est donc une perpendiculaire ayant son pied sur l'horizontale[43], et ces deux lignes peuvent être considérées comme la hauteur et la base d'un triangle dont les côtés latéraux, partant du « faîte du Ciel », déterminent effectivement la mesure de la surface de la Terre, c'est-à-dire délimitent le « terrain » qui sert de support à la manifestation (fig. 7)[44].

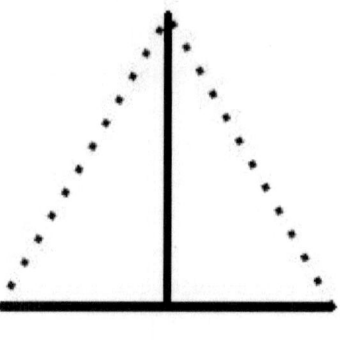

Fig. 7

Cependant, la représentation géométrique qu'on rencontre le plus fréquemment dans la tradition extrême-orientale est celle qui rapporte les formes circulaires au Ciel et les formes carrées à la Terre, ainsi que nous l'avons déjà expliqué ailleurs[45] ; nous rappellerons seulement, à ce sujet, que la marche descendante du cycle de la manifestation (et ceci à tous les degrés de plus ou moins grande extension où un tel cycle peut être envisagé), allant de son pôle supérieur qui est le Ciel à son pôle inférieur qui est la Terre (ou ce qui les représente à un point de vue relatif s'il ne s'agit que d'un cycle particulier), peut être considérée comme partant de la forme la moins « spécifiée » de toutes, qui est la sphère, pour aboutir à celle qui est au contraire la plus « arrêtée », et qui est le cube[46] ; et l'on pourrait dire aussi que la première de ces deux formes a un caractère éminemment « dynamique » et la seconde un caractère éminemment « statique », ce qui correspond bien encore à l'actif et au passif. On peut d'ailleurs rattacher d'une certaine façon cette représentation à la précédente, en regardant, dans celle-ci, la ligne horizontale comme la trace d'une surface plane (dont la partie « mesurée » sera un carré[47]), et la ligne verticale comme le rayon d'une surface hémisphérique, qui rencontre le plan terrestre suivant la ligne d'horizon. C'est en effet à leur périphérie ou à leurs confins les plus éloignés, c'est-à-dire à l'horizon, que le Ciel et la Terre se joignent suivant les apparences sensibles ; mais il faut noter ici que la réalité symbolisée par ces apparences doit être prise en sens inverse, car, suivant cette réalité, ils s'unissent au contraire par le centre[48], ou, si on les considère dans l'état de séparation relative nécessaire pour que le Cosmos puisse se développer entre eux, ils communiquent par l'axe qui passe par ce centre[49], et qui précisément les sépare et les unit tout à la fois, ou qui, en d'autres termes, mesure la distance entre le Ciel et la Terre, c'est-à-dire l'extension même du Cosmos suivant le sens vertical qui marque la hiérarchie des états de l'existence manifestée, tout en les reliant l'un à l'autre à travers cette multiplicité d'états, qui apparaissent à cet égard comme autant d'échelons par lesquels un être en voie de retour vers le Principe peut s'élever de la Terre au Ciel[50].

On dit encore que le Ciel, qui enveloppe ou embrasse toutes choses, présente au Cosmos une face « ventrale », c'est-à-dire intérieure, et la Terre, qui les supporte, présente une face « dorsale », c'est-à-dire extérieure[51] ; c'est ce qu'il est facile de voir par la simple inspection de la figure ci-contre, où le Ciel et la Terre sont naturellement représentés

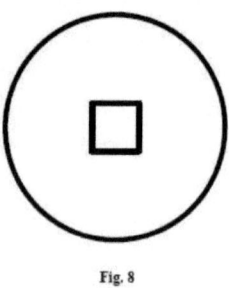

Fig. 8

respectivement par un cercle et un carré concentrique (fig. 8). On remarquera que cette figure reproduit la forme des monnaies chinoises, forme qui est d'ailleurs originairement celle de certaines tablettes rituelles[52] : entre le contour circulaire et le vide médian carré, la partie pleine, où s'inscrivent les caractères, correspond évidemment au Cosmos, où se situent les « dix mille êtres »[53], et le fait qu'elle est comprise entre deux vides exprime symboliquement que ce qui n'est pas entre le Ciel et la Terre est par là même en dehors de la manifestation[54]. Cependant, il y a un point sur lequel la figure peut paraître inexacte, et qui correspond d'ailleurs à un défaut nécessairement inhérent à toute représentation sensible : si l'on ne prenait garde qu'aux positions respectives apparentes du Ciel et de la Terre, ou plutôt de ce qui les figure, il pourrait sembler que le Ciel soit à l'extérieur et la Terre à l'intérieur ; mais c'est que, là encore, il ne faut pas oublier de faire l'application de l'analogie en sens inverse : en réalité, à tous les points de vue, l'« intériorité » appartient au Ciel et l'« extériorité » à la Terre, et nous retrouverons cette considération un peu plus loin. Du reste, même à prendre simplement la figure telle qu'elle est, on voit que, par rapport au Cosmos, le Ciel et la Terre, par là même qu'ils en sont les extrêmes limites, n'ont véritablement qu'une seule face, et que cette face est intérieure pour le Ciel et extérieure pour la Terre ; si l'on voulait considérer leur autre face, il faudrait dire que celle-ci ne peut exister que par rapport au principe commun en lequel ils s'unifient, et où disparaît toute distinction de l'intérieur et de l'extérieur, comme toute opposition et même tout complémentarisme, pour ne laisser subsister que la « Grande Unité ».

CHAPITRE IV
« YIN » ET « YANG »

Retour au sommaire

La tradition extrême-orientale, dans sa partie proprement cosmologique, attribue une importance capitale aux deux principes ou, si l'on préfère, aux deux « catégories » qu'elle désigne par les noms de *yang* et de *yin* : tout ce qui est actif, positif ou masculin est *yang*, tout ce qui est passif, négatif ou féminin est *yin*. Ces deux catégories sont rattachées symboliquement à la lumière et à l'ombre : en toutes choses, le côté éclairé est *yang*, et le côté obscur est *yin* ; mais, n'étant jamais l'un sans l'autre, ils apparaissent comme complémentaires beaucoup plus que comme opposés[55]. Ce sens de lumière et d'ombre se trouve notamment, avec son acception littérale, dans la détermination des sites géographiques[56] ; et le sens plus général où ces mêmes dénominations de *yang* et de *yin* s'étendent aux termes de tout complémentarisme à d'innombrables applications dans toutes les sciences traditionnelles[57].

Il est facile de comprendre, d'après ce que nous avons déjà dit, que *yang* est ce qui procède de la nature du Ciel, et *yin* ce qui procède de la nature de la Terre, puisque c'est de ce complémentarisme premier du Ciel et de la Terre que sont dérivés tous les autres complémentarismes plus ou moins particuliers ; et, par là, on peut voir immédiatement la raison de l'assimilation de ces deux termes à la lumière et à l'ombre. En effet, l'aspect *yang* des êtres répond à ce qu'il y a en eux d'« essentiel » ou de « spirituel », et l'on sait que l'Esprit est identifié à la Lumière par le symbolisme de toutes les traditions ; d'autre part, leur aspect *yin* est celui par lequel ils tiennent à la « substance », et celle-ci, du fait de l'« inintelligibilité » inhérente à son indistinction ou à son état de pure potentialité, peut être définie proprement comme la racine obscure de toute existence. A ce point de vue, on peut dire encore, en empruntant le langage aristotélicien et scolastique, que *yang* est tout ce qui est « en acte » et *yin* tout ce qui est « en puissance », ou que tout être est *yang* sous le rapport où il est « en acte » et *yin* sous le rapport où il est « en puissance », puisque ces deux aspects se trouvent nécessairement réunis dans tout ce qui est manifesté.

Le Ciel est entièrement *yang* et la Terre est entièrement *yin*, ce qui revient à dire que l'Essence est acte pur et que la Substance est puissance pure ; mais eux seuls le sont ainsi à l'état pur, en tant qu'ils sont les deux pôles de la manifestation universelle ; et, dans toutes les choses manifestées, le *yang* n'est jamais sans le *yin* ni le *yin* sans le *yang*, puisque leur nature participe à la fois du Ciel et de la Terre[58]. Si l'on considère spécialement le *yang* et le *yin* sous leur aspect d'éléments masculin et féminin, on pourra dire que, en raison de cette participation, tout être est « androgyne » en un certain sens et dans une certaine mesure, et qu'il l'est d'ailleurs d'autant plus complètement que ces deux éléments sont plus équilibrés en lui ; le caractère masculin ou féminin d'un être individuel (il faudrait, plus rigoureusement, dire principalement masculin ou féminin) peut donc être considéré comme résultant de la prédominance de l'un ou de l'autre. Il serait naturellement hors de propos ici d'entreprendre de développer toutes les conséquences qu'on peut tirer de cette remarque ; mais il suffit d'un peu de réflexion pour entrevoir sans difficulté l'importance qu'elles sont susceptibles de présenter, en particulier, pour toutes les sciences qui se rapportent à l'étude de l'homme individuel sous les divers points de vue où celui-ci peut être envisagé.

Nous avons vu plus haut que la Terre apparaît par sa face « dorsale » et le Ciel par sa face « ventrale » ; c'est pourquoi le *yin* est « à l'extérieur », tandis que le *yang* est « à l'intérieur »[59]. En d'autres termes, les influences terrestres, qui sont *yin*, sont seules sensibles, et les influences célestes, qui sont *yang*, échappent aux sens et ne peuvent être saisies que par les facultés intellectuelles. Il y a là une des raisons pour lesquelles, dans les textes traditionnels, le *yin* est généralement nommé avant le *yang*, ce qui peut sembler contraire à la relation hiérarchique qui existe entre les principes auxquels ils correspondent, c'est-à-dire entre le Ciel et la Terre, en tant qu'ils sont le pôle supérieur et le pôle inférieur de la manifestation ; ce renversement de l'ordre des deux termes complémentaires est caractéristique d'un certain point de vue cosmologique, qui est aussi celui du *Sânkhya* hindou, où *Prakriti* figure de même au début de l'énumération des *tattwas* et *Purusha* à la fin. Ce point de vue, en effet, procède en quelque sorte « en remontant », de même que la construction d'un édifice commence par la base et s'achève par le sommet ; il part de ce qui est le plus immédiatement saisissable pour aller vers ce qui est plus caché, c'est-à-dire qu'il va de l'extérieur à l'intérieur, ou du *yin* au *yang* ; en cela, il est inverse du point de vue métaphysique, qui, partant du principe pour aller aux conséquences, va au contraire de l'intérieur à l'extérieur ; et cette considération du sens inverse montre bien que ces deux points de vue correspondent proprement à deux degrés différents de réalité. Du reste, nous avons vu ailleurs que, dans le développement du processus cosmogonique, les ténèbres, identifiées au chaos, sont « au commencement », et que la lumière, qui ordonne ce chaos pour en tirer le Cosmos, est « après les ténèbres »[60] ; cela revient encore à dire que, sous ce rapport, le *yin* est effectivement avant le *yang* [61].

Le *yang* et le *yin*, considérés séparément l'un de l'autre, ont pour symboles linéaires ce qu'on appelle les « deux déterminations » (*eul-i*), c'est-à-dire le trait plein et le trait brisé, qui sont les éléments des trigrammes et des hexagrammes du *Yi-king*, de telle sorte que ceux-ci représentent toutes les combinaisons possibles de ces deux termes, combinaisons qui constituent l'intégralité du monde manifesté. Le premier et le dernier hexagramme, qui sont *Khien* et *Khouen* [62], sont formés respectivement de six traits pleins et de six traits brisés ; ils représentent donc la plénitude du *yang*, qui s'identifie au Ciel, et celle du *yin*, qui s'identifie à la Terre ; et c'est entre ces deux extrêmes que se placent tous les autres hexagrammes, où le *yang* et le *yin* se mélangent en proportions diverses, et qui correspondent ainsi au développement de toute la manifestation.

D'autre part, ces deux mêmes

Fig. 9

termes *yang* et *yin*, lorsqu'ils sont unis, sont représentés par le symbole qui est appelé pour cette raison *yin-yang* (fig. 9)[63], et que nous avons déjà étudié ailleurs au point de vue où il représente plus particulièrement le « cercle de la destinée individuelle »[64]. Conformément au symbolisme de la lumière et de l'ombre, la partie claire de la figure est *yang*, et sa partie obscure est *yin* ; et les points centraux, obscur dans la partie claire et clair dans la partie obscure, rappellent que, en réalité, le *yang* et le *yin* ne sont jamais l'un sans l'autre. En tant que le *yang* et le *yin* sont déjà distingués tout en étant unis (et c'est en cela que la figure est proprement *yin-yang*), c'est le symbole de l'« Androgyne » primordial, puisque ses éléments sont les deux principes masculin et féminin ; c'est aussi, suivant un autre symbolisme traditionnel plus général encore, l'« Œuf du Monde », dont les deux moitiés, lorsqu'elles se sépareront, seront respectivement le Ciel et la Terre[65]. D'un autre côté, la même figure, considérée comme formant un tout indivisible[66], ce qui correspond au point de vue principiel, devient le symbole de *Tai-ki*, qui apparaît ainsi comme la synthèse du *yin* et du *yang*, mais à la condition de bien préciser que cette synthèse, étant l'Unité première, est antérieure à la différenciation de ses éléments, donc absolument indépendante de ceux-ci ; en fait, il ne peut être proprement question de *yin* et de *yang* que par rapport au monde manifesté, qui, comme tel, procède tout entier des « deux déterminations ». Ces deux points de vue suivant lesquels le symbole peut être envisagé sont résumés par la formule suivante : « Les dix mille êtres sont produits (*tsao*) par *Tai-i* (qui est identique à *Tai-ki*), modifiés (*houa*) par *yin-yang* », car tous les êtres proviennent de l'Unité principielle[67], mais leurs modifications dans le « devenir » sont dues aux actions et réactions réciproques des « deux déterminations ».

CHAPITRE V
LA DOUBLE
SPIRALE

Retour au sommaire

Fig. 10

Nous pensons qu'il n'est pas sans intérêt de faire ici une digression, au moins apparente, à propos d'un symbole qui est étroitement connexe de celui du *yin-yang* : ce symbole est la double spirale (fig. 10), qui joue un rôle extrêmement important dans l'art traditionnel des pays les plus divers, et notamment dans celui de la Grèce archaïque[68]. Comme on l'a dit très justement, cette double spirale, « qui peut être regardée comme la projection plane des deux hémisphères de l'Androgyne, offre l'image du rythme alterné de l'évolution et de l'involution, de la naissance et de la mort, en un mot représente la manifestation sous son double aspect »[69]. Cette figuration peut d'ailleurs être envisagée à la fois dans un sens « macrocosmique » et dans un sens « microcosmique » : en raison de leur analogie, on peut toujours passer de l'un à l'autre de ces deux points de vue par une transposition convenable ; mais c'est surtout au premier que nous nous référerons directement ici, car c'est par rapport au symbolisme de l'« Œuf du Monde », auquel nous avons déjà fait allusion à propos du *yin-yang*, que se présentent les rapprochements les plus remarquables. À ce point de vue, on peut considérer les deux spirales comme l'indication d'une force cosmique agissant en sens inverse dans les deux hémisphères, qui, dans leur application la plus étendue, sont naturellement les deux moitiés de l'« Œuf du Monde », les points autour desquels s'enroulent ces deux spirales étant les deux pôles[70]. On peut remarquer tout de suite que ceci est en relation étroite avec les deux sens de rotation du *swastika* (fig. 11), ceux-ci représentant en somme la même révolution du monde autour de son axe, mais vue respectivement de l'un et de l'autre des deux pôles[71] ; et ces deux sens de rotation expriment bien en effet la double action de la force cosmique dont il s'agit, double action qui est au fond la même chose que la dualité du *yin* et du *yang* sous tous ses aspects.

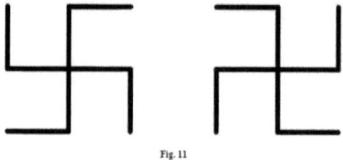

Fig. 11

Il est facile de se rendre compte que, dans le symbole du *yin-yang*, les deux demi-circonférences qui forment la ligne délimitant intérieurement les deux parties claire et obscure de la figure correspondent exactement aux deux spirales, et leurs points centraux, obscur dans la partie claire et clair dans la partie obscure, correspondent aux deux pôles. Ceci nous ramène à l'idée de l'« Androgyne », ainsi que nous l'avons indiqué précédemment ; et nous rappellerons encore à ce propos que les deux principes *yin* et *yang* doivent toujours être considérés en réalité comme complémentaires, même si leurs actions respectives, dans les différents domaines de la manifestation, apparaissent extérieurement comme contraires. On peut donc parler, soit de la double action d'une force unique, comme nous le faisions tout à l'heure, soit de deux forces produites par polarisation de celle-ci et centrées sur les deux pôles, et produisant à leur tour, par les actions et réactions qui résultent de leur différenciation même, le développement des virtualités enveloppées dans l'« Œuf du Monde », développement qui comprend toutes les modifications des « dix mille êtres »[72].

Il est à remarquer que ces deux mêmes forces sont aussi figurées de façon différente, bien que équivalente au fond, dans d'autres symboles traditionnels, notamment par deux lignes hélicoïdales s'enroulant en sens inverse l'une de l'autre autour d'un axe vertical, comme on le voit par exemple dans certaines formes du *Brahma-danda* ou bâton brâhmanique, qui est une image de l'« Axe du Monde », et où ce double enroulement est précisément mis en rapport avec les deux orientations contraires du *swastika ;* dans l'être humain, ces deux lignes sont les deux *nâdîs* ou courants subtils de droite et de gauche, ou positif et négatif (*idâ* et *pingalâ*)[73]. Une autre figuration identique est celle des deux serpents du caducée, qui se rattache d'ailleurs au symbolisme général du serpent sous ses deux aspects opposés[74] ; et, à cet égard, la double spirale peut aussi être regardée comme figurant un serpent enroulé sur lui-même en deux sens contraires : ce serpent est alors un « amphisbène »[75], dont les deux têtes correspondent aux deux pôles, et qui, à lui seul, équivaut à l'ensemble des deux serpents opposés du caducée[76].

Ceci ne nous éloigne en rien de la considération de l'« Œuf du Monde », car celui-ci, dans différentes traditions, se trouve fréquemment rapproché du symbolisme du serpent ; on pourra se rappeler ici le *Kneph* égyptien, représenté sous la forme d'un serpent produisant l'œuf par sa bouche (image de la production de la manifestation par le Verbe[77]), et aussi, bien entendu, le symbole druidique de l'« œuf de serpent »[78]. D'autre part, le serpent est souvent donné comme habitant les eaux, ainsi qu'on le voit notamment pour les *Nâgas* dans la tradition hindoue, et c'est aussi sur ces mêmes eaux que flotte l'« Œuf du Monde » ; or les eaux sont le symbole des possibilités, et le développement de celles-ci est figuré par la spirale, d'où l'association étroite qui existe parfois entre cette dernière et le symbolisme des eaux[79].

Si l'« Œuf du Monde » est ainsi, dans certains cas, un « œuf de serpent », il est aussi ailleurs un « œuf de cygne »[80] ; nous voulons surtout faire allusion ici au symbolisme de *Hamsa*, le véhicule de *Brahmâ* dans la tradition hindoue[81]. Or il arrive souvent, et en particulier dans les figurations étrusques, que la double spirale est surmontée d'un oiseau ; celui-ci est évidemment le même que *Hamsa*, le cygne qui couve le *Brahmânda* sur les Eaux primordiales, et qui s'identifie d'ailleurs à l'« esprit » ou « souffle divin » (car *Hamsa* est aussi le « souffle ») qui, suivant le début de la Genèse hébraïque, « était porté sur la face des Eaux ». Ce qui n'est pas moins remarquable encore, c'est que, chez les Grecs, de l'œuf de Léda, engendré par Zeus sous la forme d'un cygne, sortent les Dioscures, Castor et Pollux, qui sont en correspondance symbolique avec les deux hémisphères, donc avec les deux spirales que nous envisageons présentement, et qui, par conséquent, représentent leur différenciation dans cet « œuf de cygne », c'est-à-dire en somme la division de l'« Œuf du Monde » en ses deux moitiés supérieure et inférieure[82]. Nous ne pouvons d'ailleurs songer à nous étendre ici davantage sur le symbolisme des Dioscures, qui à vrai dire est fort complexe, comme celui de tous les couples similaires formés d'un mortel et d'un immortel, souvent représentés l'un blanc et l'autre noir[83], comme les deux hémisphères dont l'un est éclairé tandis que l'autre est dans l'obscurité. Nous dirons seulement que ce symbolisme, au fond, tient d'assez près à celui des *Dêvas* et des *Asuras* [84], dont l'opposition est également en rapport avec la double signification du serpent, suivant qu'il se meut dans une direction ascendante ou descendante autour d'un axe vertical, ou encore en se déroulant ou s'enroulant sur lui-même, comme dans la figure de la double spirale[85].

Dans les symboles antiques, cette double spirale est parfois remplacée par deux ensembles de cercles concentriques, tracés autour de deux points qui représentent encore les pôles : ce sont, tout au moins dans une de leurs significations les plus générales, les cercles célestes et infernaux, dont les seconds sont comme un reflet inversé des premiers[86], et auxquels correspondent précisément les *Dêvas* et les *Asuras*. En d'autres termes, ce sont les états supérieurs et inférieurs par rapport à l'état humain, ou encore les cycles conséquents et antécédents par rapport au cycle actuel (ce qui n'est en somme qu'une autre façon d'exprimer la même chose, en y faisant intervenir un symbolisme « successif ») ; et ceci corrobore aussi la signification du *yin-yang* envisagé comme projection plane de l'hélice représentative des états multiples de l'Existence universelle[87]. Les deux symboles sont équivalents, et l'un peut être considéré comme une simple modification de l'autre ; mais la double spirale indique en outre la continuité entre les cycles ; on pourrait dire aussi qu'elle représente les choses sous un aspect « dynamique », tandis que les cercles concentriques les représentent sous un aspect plutôt « statique »[88].

En parlant ici d'aspect « dynamique », nous pensons naturellement encore à l'action de la double force cosmique, et plus spécialement dans son rapport avec les phases inverses et complémentaires de toute manifestation, phases qui sont dues, suivant la tradition extrême-orientale, à la prédominance alternante du *yin* et du *yang :* « évolution » ou développement, déroulement[89], et « involution » ou enveloppement, enroulement, ou encore « catabase » ou marche descendante et « anabase » ou marche ascendante, sortie dans le manifesté et rentrée dans le non-manifesté[90]. La double « spiration » (et l'on remarquera la parenté très significative qui existe entre la désignation même de la spirale et celle du *spiritus* ou « souffle » dont nous parlions plus haut en connexion avec *Hamsa*), c'est l'« expir » et l'« aspir » universels, par lesquels sont produites, suivant le langage taoïste, les « condensations » et les « dissipations » résultant de l'action alternée des deux principes *yin* et *yang*, ou, suivant la terminologie hermétique, les « coagulations » et les « solutions » : pour les êtres individuels, ce sont les naissances et les morts, ce qu'Aristote appelle *genesis* et *phthora*, « génération » et « corruption » ; pour les mondes, c'est ce que la tradition hindoue désigne comme les jours et les nuits de *Brahmâ*, comme le *Kalpa* et le *Pralaya ;* et, à tous les degrés, dans l'ordre « macrocosmique » comme dans l'ordre « microcosmique », des phases correspondantes se retrouvent dans tout cycle d'existence, car elles sont l'expression même de la loi qui régit tout l'ensemble de la manifestation universelle.

CHAPITRE VI
« SOLVE » ET
« COAGULA »

Retour au sommaire

Puisque nous venons de faire allusion à la « coagulation » et à la « solution » hermétiques, et bien que nous en ayons déjà parlé quelque peu en diverses occasions, il ne sera peut-être pas inutile de préciser encore, à ce sujet, certaines notions qui ont un rapport assez direct avec ce que nous avons exposé jusqu'ici. En effet, la formule *solve* et *coagula* est regardée comme contenant d'une certaine façon tout le secret du « Grand Œuvre », en tant que celui-ci reproduit le processus de la manifestation universelle, avec ces deux phases inverses que nous avons indiquées tout à l'heure. Le terme *solve* est parfois représenté par un signe qui montre le Ciel, et le terme *coagula* par un signe qui montre la Terre[21] ; c'est dire qu'ils s'assimilent aux actions du courant ascendant et du courant descendant de la force cosmique, ou, en d'autres termes, aux actions respectives du *yang* et du *yin*. Toute force d'expansion est *yang*, et toute force de contraction est *yin* ; les « condensations », qui donnent naissance aux composés individuels, procèdent donc des influences terrestres, et les « dissipations », qui ramènent les éléments de ces composés à leurs principes originels, procèdent des influences célestes ; ce sont là, si l'on veut, les effets des attractions respectives du Ciel et de la Terre ; et c'est ainsi que « les dix mille êtres sont modifiés par *yin* et *yang* » depuis leur apparition dans le monde manifesté jusqu'à leur retour au non-manifesté.

Il faut d'ailleurs bien prendre garde que l'ordre des deux termes dépend du point de vue auquel on se place, car, en réalité, les deux phases complémentaires auxquelles ils correspondent sont à la fois alternantes et simultanées, et l'ordre dans lequel elles se présentent dépend en quelque sorte de l'état qu'on prend pour point de départ. Si l'on part de l'état de non-manifestation pour passer au manifesté (ce qui est le point de vue qu'on peut dire proprement « cosmogonique »)[22], c'est la « condensation » ou la « coagulation » qui se présentera naturellement en premier lieu ; la « dissipation » ou la « solution » viendra ensuite, comme mouvement de retour vers le non-manifesté, ou tout au moins vers ce qui, à un niveau quelconque, y correspond en un sens relatif[23]. Si au contraire on partait d'un état donné de manifestation, on devrait envisager tout d'abord une tendance aboutissant à la « solution » de ce qui se trouve dans cet état ; et alors une phase ultérieure de « coagulation » serait le retour à un autre état de manifestation ; il faut d'ailleurs ajouter que cette « solution » et cette « coagulation », par rapport à l'état antécédent et à l'état conséquent respectivement, peuvent être parfaitement simultanées en réalité[24].

D'autre part, et ceci est encore plus important, les choses se présentent en sens inverse suivant qu'on les envisage au point de vue du Principe ou au contraire, comme nous venons de le faire, au point de vue de la manifestation, de telle sorte que, pourrait-on dire, ce qui est *yin* d'un côté est *yang* de l'autre et inversement, bien que d'ailleurs ce ne soit que par une façon de parler assez impropre qu'on peut rapporter au Principe même une dualité comme celle du *yin* et du *yang*. En effet, comme nous l'avons déjà indiqué ailleurs[25], c'est l'« expir » ou le mouvement d'expansion principielle qui détermine la « coagulation » du manifesté, et l'« aspir » ou le mouvement de contraction principielle qui détermine sa « solution » ; et il en serait exactement de même si, au lieu d'employer le symbolisme des deux phases de la respiration, on employait celui du double mouvement du cœur.

On peut du reste éviter l'impropriété de langage que nous signalions à l'instant au moyen d'une remarque assez simple : le Ciel, en tant que pôle « positif » de la manifestation, représente d'une façon directe le Principe par rapport à celle-ci[26], tandis que la Terre, en tant que pôle « négatif », ne peut en présenter qu'une image inversée. La « perspective » de la manifestation rapportera donc assez naturellement au Principe même ce qui appartient réellement au Ciel, et c'est ainsi que le « mouvement » du Ciel (mouvement au sens purement symbolique, bien entendu, puisqu'il n'y a là rien de spatial) sera attribué d'une certaine façon au Principe, bien que celui-ci soit nécessairement immuable. Ce qui est plus exact au fond, c'est de parler, comme nous le faisions un peu plus haut, des attractions respectives du Ciel et de la Terre, s'exerçant en sens inverse l'une de l'autre : toute attraction produit un mouvement centripète, donc une « condensation », à laquelle correspondra, au pôle opposé, une « dissipation » déterminée par un mouvement centrifuge, de façon à rétablir ou plutôt à maintenir l'équilibre total[27]. Il résulte de là que ce qui est « condensation » sous le rapport de la substance est au contraire une « dissipation » sous le rapport de l'essence, et que, inversement, ce qui est « dissipation » sous le rapport de la substance est une « condensation » sous le rapport de l'essence ; par suite, toute « transmutation », au sens hermétique de ce terme, consistera proprement à « dissoudre » ce qui était « coagulé » et, simultanément, à « coaguler » ce qui était « dissous », ces deux opérations apparemment inverses n'étant en réalité que les deux aspects complémentaires d'une seule et même opération.

C'est pourquoi les alchimistes disent fréquemment que « la dissolution du corps est la fixation de l'esprit » et inversement, esprit et corps n'étant en somme pas autre chose que l'aspect « essentiel » et l'aspect « substantiel » de l'être ; ceci peut s'entendre de l'alternance des « vies » et des « morts », au sens le plus général de ces mots, puisque c'est là ce qui correspond proprement aux « condensations » et aux « dissipations » de la tradition taoïste[98], de sorte que, pourrait-on dire, l'état qui est vie pour le corps est mort pour l'esprit et inversement ; et c'est pourquoi « volatiliser (ou dissoudre) le fixe et fixer (ou coaguler) le volatil » ou « spiritualiser le corps et corporifier l'esprit[99] », est dit encore « tirer le vif du mort et le mort du vif », ce qui est aussi, par ailleurs, une expression qorânique[100]. La « transmutation » implique donc, à un degré ou à un autre[101], une sorte de renversement des rapports ordinaires (nous voulons dire tels qu'ils sont envisagés au point de vue de l'homme ordinaire), renversement qui est d'ailleurs plutôt, en réalité, un rétablissement des rapports normaux ; nous nous bornerons à signaler ici que la considération d'un tel « retournement » est particulièrement importante au point de vue de la réalisation initiatique, sans pouvoir y insister davantage, car il faudrait pour cela des développements qui ne sauraient rentrer dans le cadre de la présente étude[102].

D'autre part, cette double opération de « coagulation » et de « solution » correspond très exactement à ce que la tradition chrétienne désigne comme le « pouvoir des clefs » ; en effet, ce pouvoir est double aussi, puisqu'il comporte à la fois le pouvoir de « lier » et celui de « délier » ; or « lier » est évidemment la même chose que « coaguler », et « délier » la même chose que « dissoudre »[103] ; et la comparaison de différents symboles traditionnels confirme encore cette correspondance d'une façon aussi nette que possible. On sait que la figuration la plus habituelle du pouvoir dont il s'agit est celle de deux clefs, l'une d'or et l'autre d'argent, qui se rapportent respectivement à l'autorité spirituelle et au pouvoir temporel, ou à la fonction sacerdotale et à la fonction royale, et aussi, au point de vue initiatique, aux « grands mystères » et aux « petits mystères » (et c'est à ce dernier égard qu'elles étaient, chez les anciens Romains, un des attributs de Janus)[104] ; alchimiquement, elles se réfèrent à des opérations analogues effectuées à deux degrés différents, et qui constituent respectivement l'« œuvre au blanc », correspondant aux « petits mystères », et l'« œuvre au rouge », correspondant aux « grands mystères » ; ces deux clefs, qui sont, suivant le langage de Dante, celle du « Paradis céleste » et celle du « Paradis terrestre », sont croisées de façon à rappeler la forme du *swastika*. En pareil cas, chacune des deux clefs doit être considérée comme ayant, dans l'ordre auquel elle se rapporte, le double pouvoir d'« ouvrir » et de « fermer », ou de « lier » et de « délier »[105] ; mais il existe aussi une autre figuration plus complète, où, pour chacun des deux ordres, les deux pouvoirs inverses sont représentés distinctement par deux clefs opposées l'une à l'autre. Cette figuration est celle du *swastika* dit « clavigère », précisément parce que chacune de ses quatre branches est formée d'une clef (fig. 12)[106] ; on a ainsi deux clefs opposées suivant un axe vertical et deux autres suivant un axe horizontal[107] ; par rapport au cycle annuel, dont on connaît l'étroite relation avec le symbolisme de Janus, le premier de ces deux axes est un axe solsticial et le second un axe équinoxial[108] ; ici, l'axe vertical ou solsticial se rapporte à la fonction sacerdotale, et l'axe horizontal ou équinoxial à la fonction royale[109].

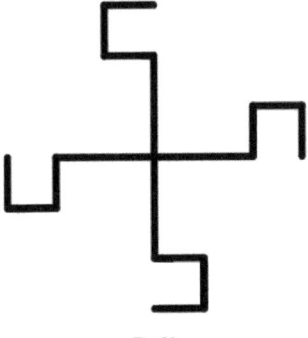

Fig. 12

Le rapport de ce symbole avec celui de la double spirale est établi par l'existence d'une autre forme du *swastika*, qui est une forme à branches courbes, ayant l'apparence de deux S croisés ; la double spirale peut naturellement s'identifier, soit à la partie verticale de ce *swastika*, soit à sa partie horizontale. Il est vrai que la double spirale est le plus souvent placée horizontalement afin de mettre en évidence le caractère complémentaire et en quelque sorte symétrique des deux courants de la force cosmique[110] ; mais, d'autre part, la courbe qui en est l'équivalent dans le *yin-yang* est au contraire, en général, placée verticalement ; on pourra donc, suivant les cas, envisager de préférence l'une ou l'autre de ces deux positions, qui se trouvent réunies dans la figure du *swastika* à branches courbes, et qui correspondent alors respectivement aux deux domaines dans lesquels s'exerce le « pouvoir des clefs[111] ».

À ce même « pouvoir des clefs » correspond aussi, dans les traditions hindoue et thibétaine, le double pouvoir du *vajra* [112] ; ce symbole est, comme on le sait, celui de la foudre[113], et ses deux extrémités, formées de pointes en forme de flamme, correspondent aux deux aspects opposés du pouvoir représenté par la foudre : génération et destruction, vie et mort[114]. Si l'on rapporte le *vajra* à l'« Axe du Monde », ces deux extrémités correspondent aux deux pôles, ainsi qu'aux solstices[115] ; il doit donc être placé verticalement, ce qui s'accorde d'ailleurs avec son caractère de symbole masculin[116], ainsi qu'avec le fait qu'il est essentiellement un attribut sacerdotal[117]. Tenu ainsi dans la position verticale, le *vajra* représente la « Voie du Milieu » (qui est aussi, comme on le verra plus loin, la « Voie du Ciel ») ; mais il peut être incliné d'un côté ou de l'autre, et alors ces deux positions correspondent aux deux « voies » tantriques de droite et de gauche (*dakshina-mârga* et *vâma-mârga*), cette droite et cette gauche pouvant d'ailleurs être mises en relation avec les points équinoxiaux, de même que le haut et le bas le sont avec les points solsticiaux[118]. Il y aurait évidemment beaucoup à dire sur tout cela, mais, pour ne pas trop nous écarter de notre sujet, nous nous contenterons ici de ces quelques indications ; et nous conclurons là-dessus en disant que le pouvoir du *vajra*, ou le « pouvoir des clefs » qui lui est identique au fond, impliquant le maniement et la mise en œuvre des forces cosmiques sous leur double aspect de *yin* et de *yang*, n'est en définitive rien d'autre que le pouvoir même de commander à la vie et à la mort[119].

CHAPITRE VII
QUESTIONS
D'ORIENTATION

Retour au sommaire

À l'époque primordiale, l'homme était, en lui-même, parfaitement équilibré quant au complémentarisme du *yin* et du *yang* ; d'autre part, il était *yin* ou passif par rapport au Principe seul, et *yang* ou actif par rapport au Cosmos ou à l'ensemble des choses manifestées ; il se tournait donc naturellement vers le Nord, qui est *yin* [120], comme vers son propre complémentaire. Au contraire, l'homme des époques ultérieures, par suite de la dégénérescence spirituelle qui correspond à la marche descendante du cycle, est devenu *yin* par rapport au Cosmos ; il doit donc se tourner vers le Sud, qui est *yang*, pour en recevoir les influences du principe complémentaire de celui qui est devenu prédominant en lui, et pour rétablir, dans la mesure du possible, l'équilibre entre le *yin* et le *yang*. La première de ces deux orientations peut être dite « polaire », tandis que la seconde est proprement « solaire » : dans le premier cas, l'homme, regardant l'Étoile polaire ou le « faîte du Ciel », a l'Est à sa droite et l'Ouest à sa gauche ; dans le second cas, regardant le Soleil au méridien, il a au contraire l'Est à sa gauche et l'Ouest à sa droite ; et ceci donne l'explication d'une particularité qui, dans la tradition extrême-orientale, peut paraître assez étrange à ceux qui n'en connaissent pas la raison[121].

En Chine, en effet, le côté auquel est généralement attribuée la prééminence est la gauche ; nous disons généralement, car il n'en fut pas constamment ainsi dans tout le cours de l'histoire. À l'époque de l'historien Sseu-ma-tsien, c'est-à-dire au IIe siècle avant l'ère chrétienne, la droite semble l'avoir au contraire emporté sur la gauche, tout au moins en ce qui concerne la hiérarchie des fonctions officielles[122] ; il semble qu'il y ait eu alors, sous ce rapport du moins, comme une sorte de tentative de « retour aux origines », qui avait dû sans doute correspondre à un changement de dynastie, car de tels changements dans l'ordre humain sont toujours mis traditionnellement en correspondance avec certaines modifications de l'ordre cosmique lui-même[123]. Mais, à une époque plus ancienne, quoique assurément fort éloignée des temps primordiaux, c'est la gauche qui prédominait comme l'indique notamment ce passage de Lao-tseu : « Dans les affaires favorables (ou de bon augure), on met au-dessus la gauche ; dans les affaires funestes, on met au-dessus la droite »[124]. Il est dit aussi, vers la même époque : « L'humanité, c'est la droite ; la Voie, c'est la gauche »[125], ce qui implique manifestement une infériorité de la droite par rapport à la gauche ; relativement l'une à l'autre, la gauche correspondait alors au *yang* et la droite au *yin*.

Maintenant, que ceci soit bien une conséquence directe de l'orientation prise en se tournant vers le Sud, c'est ce que prouve un traité attribué à Kouan-tseu, qui aurait vécu au VIIe siècle avant l'ère chrétienne, et où il est dit : « Le printemps fait naître (les êtres) à gauche, l'automne détruit à droite, l'été fait croître en avant, l'hiver met en réserve en arrière. » Or, suivant la correspondance qui est partout admise entre les saisons et les points cardinaux, le printemps correspond à l'Est et l'automne à l'Ouest, l'été au Sud et l'hiver au Nord[126] ; c'est donc bien ici le Sud qui est en avant et le Nord en arrière, l'Est qui est à gauche et l'Ouest à droite[127]. Naturellement, quand on prend au contraire l'orientation en se tournant vers le Nord, la correspondance de la gauche et de la droite se trouve inversée, aussi bien que celle de l'avant et de l'arrière ; mais, en définitive, le côté qui a la prééminence, que ce soit la gauche dans un cas ou la droite dans l'autre, est toujours et invariablement le côté de l'Est. C'est là ce qui importe essentiellement, car on voit par là que, au fond, la tradition extrême-orientale est en parfait accord avec toutes les autres doctrines traditionnelles, dans lesquelles l'Orient est toujours regardé effectivement comme le « côté lumineux » (*yang*) et l'Occident comme le « côté obscur » (*yin*) l'un par rapport à l'autre ; le changement dans les significations respectives de la droite et de la gauche, étant conditionné par un changement d'orientation, est en somme parfaitement logique et n'implique absolument aucune contradiction[128].

Ces questions d'orientation sont d'ailleurs fort complexes, car non seulement il faut toujours faire attention de n'y commettre aucune confusion entre des correspondances différentes, mais il peut encore se faire que, dans une même correspondance, la droite et la gauche l'emportent l'une et l'autre à des points de vue différents. C'est ce qu'indique très nettement un texte comme celui-ci : « La Voie du Ciel préfère la droite, le Soleil et la Lune se déplacent vers l'Occident ; la Voie de la Terre préfère la gauche, le cours de l'eau coule vers l'Orient ; également on les dispose en haut (c'est-à-dire que l'un et l'autre des deux côtés ont des titres à la prééminence) »[129]. Ce passage est particulièrement intéressant, d'abord parce qu'il affirme, quelles que soient d'ailleurs les raisons qu'il en donne et qui doivent plutôt être prises comme de simples « illustrations » tirées des apparences sensibles, que la prééminence de la droite est associée à la « Voie du Ciel » et celle de la gauche à la « Voie de la Terre » ; or la première est nécessairement supérieure à la seconde, et, peut-on dire, c'est parce que les hommes ont perdu de vue la « Voie du Ciel » qu'ils en sont venus à se conformer à la « Voie de la Terre », ce qui marque bien la différence entre l'époque primordiale et les époques ultérieures de dégénérescence spirituelle. Ensuite, on peut voir là l'indication d'un rapport inverse entre le mouvement du Ciel et le mouvement de la Terre[130], ce qui est en rigoureuse conformité avec la loi générale de l'analogie ; et il en est toujours ainsi lorsqu'on est en présence de deux termes qui s'opposent de telle façon que l'un d'eux est comme un reflet de l'autre, reflet qui est inversé comme l'image d'un objet dans un miroir l'est par rapport à cet objet lui-même, de sorte que la droite de l'image correspond à la gauche de l'objet et inversement[131].

Nous ajouterons à ce propos une remarque qui, pour paraître assez simple en elle-même, est pourtant loin d'être sans importance : c'est que, notamment lorsqu'il s'agit de la droite et de la gauche, il faut toujours avoir le plus grand soin de préciser par rapport à quoi elles sont envisagées ; ainsi, quand on parle de la droite et de la gauche d'une figure symbolique, veut-on entendre réellement par là celles de cette figure elle-même, ou bien celles d'un spectateur qui la regarde en se plaçant en face d'elle ? Les deux cas peuvent se présenter en fait : lorsqu'on a affaire à une figure humaine ou à celle de quelque autre être vivant, il n'y a guère de doute sur ce qu'il convient d'appeler sa droite et sa gauche ; mais il n'en est plus de même pour un autre objet quelconque, pour une figure géométrique par exemple, ou encore pour un monument, et alors on prend le plus ordinairement la droite et la gauche en se plaçant au point de vue du spectateur[132] ; mais il n'en est pourtant pas forcément toujours ainsi, et il peut arriver aussi qu'on attribue parfois une droite et une gauche à la figure prise en elle-même, ce qui correspond à un point de vue naturellement inverse de celui du spectateur[133] ; faute de préciser ce qu'il en est dans chaque cas, on peut être amené à commettre des erreurs assez graves à cet égard[134].

Une autre question connexe de celle de l'orientation est celle du sens des « circumambulations » rituelles dans les différentes formes traditionnelles ; il est facile de se rendre compte que ce sens est déterminé en effet, soit par l'orientation « polaire », soit par l'orientation « solaire », dans l'acception que nous avons donnée plus haut à ces expressions. Si l'on considère les figures ci-contre[135], le premier sens est celui dans lequel, en regardant vers le Nord, on voit les étoiles tourner autour du pôle (fig. 13) ; par contre, le second sens est celui dans lequel s'effectue le mouvement apparent du Soleil pour un observateur regardant vers le Sud (fig. 14). La circumambulation s'accomplit en ayant constamment le centre à sa gauche dans le premier cas, et au contraire à sa droite dans le second (ce qui est appelé en sanscrit *pradakshinâ*) ; ce dernier mode est celui qui est en usage, en particulier, dans les traditions hindoue et thibétaine, tandis que l'autre se rencontre notamment dans la tradition islamique[136]. À cette différence de sens se rattache également le fait d'avancer le pied droit ou le pied gauche le premier dans une marche rituelle : en considérant encore les mêmes figures on peut voir facilement que le pied qui doit être avancé le premier est forcément celui du côté opposé au côté qui est tourné vers le centre de la circumambulation, c'est-à-dire le pied droit dans le premier cas (fig. 13) et le pied gauche dans le second (fig. 14) ; et cet ordre de marche est généralement observé, même lorsqu'il ne s'agit pas de circumambulations à proprement parler, comme marquant en quelque façon la prédominance respective du point de vue « polaire » ou du point de vue « solaire », soit dans une forme traditionnelle donnée, soit même parfois pour des périodes différentes au cours de l'existence d'une même tradition[137].

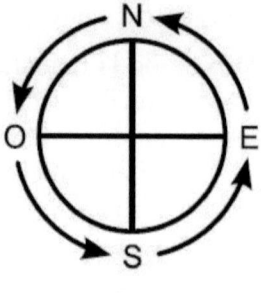   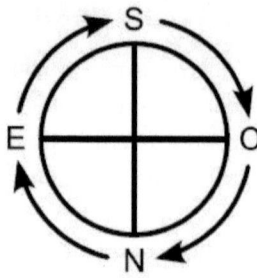

Fig. 13   Fig. 14

Ainsi, toutes ces choses sont loin de se réduire à de simples détails plus ou moins insignifiants, comme pourraient le croire ceux qui ne comprennent rien au symbolisme ni aux rites ; elles sont au contraire liées à tout un ensemble de notions qui ont une grande importance dans toutes les traditions, et l'on pourrait en donner encore bien d'autres exemples. Il y aurait bien lieu aussi, à propos de l'orientation, de traiter des questions comme celles de ses relations avec le parcours du cycle annuel[138] et avec le symbolisme des « portes zodiacales » ; on y retrouverait d'ailleurs l'application du sens inverse, que nous signalions plus haut, dans les rapports entre l'ordre « céleste » et l'ordre « terrestre » ; mais ces considérations constitueraient ici une trop longue digression, et elles trouveront sans doute mieux leur place dans d'autres études[139].

CHAPITRE VIII
NOMBRES CÉLESTES ET NOMBRES TERRESTRES

Retour au sommaire

La dualité du *yang* et du *yin* se retrouve encore en ce qui concerne les nombres : suivant le *Yi-king*, les nombres impairs correspondent au *yang*, c'est-à-dire sont masculins ou actifs, et les nombres pairs correspondent au *yin*, c'est-à-dire sont féminins ou passifs. Il n'y a d'ailleurs là rien qui soit particulier à la tradition extrême-orientale, car cette correspondance est conforme à ce qu'enseignent toutes les doctrines traditionnelles ; en Occident, elle est connue surtout par le Pythagorisme, et peut-être même certains, s'imaginant qu'il s'agit là d'une conception propre à celui-ci, seraient-ils fort étonnés d'apprendre qu'elle se retrouve exactement la même jusqu'en Extrême-Orient, sans qu'il soit évidemment possible de supposer en cela le moindre « emprunt » d'un côté ou de l'autre, et tout simplement parce qu'il s'agit d'une vérité qui doit être pareillement reconnue partout où existe la science traditionnelle des nombres.

Les nombres impairs, étant *yang*, peuvent être dits « célestes », et les nombres pairs, étant *yin*, peuvent être dits « terrestres » ; mais, outre cette considération tout à fait générale, il y a certains nombres qui sont attribués plus spécialement au Ciel et à la Terre, et ceci demande d'autres explications. Tout d'abord, ce sont surtout les premiers nombres impair et pair respectivement qui sont regardés comme les nombres propres du Ciel et de la Terre, ou comme l'expression de leur nature même, ce qui se comprend sans peine, car, en raison de la primauté qu'ils ont chacun dans son ordre, tous les autres nombres en sont comme dérivés en quelque sorte et n'occupent qu'un rang secondaire par rapport à eux dans leurs séries respectives ; ce sont donc ceux-là qui, pourrait-on dire, représentent le *yang* et le *yin* au plus haut degré, ou, ce qui revient au même, expriment le plus purement la nature céleste et la nature terrestre. Maintenant, ce à quoi il faut faire attention, c'est qu'ici l'unité, étant proprement le principe du nombre, n'est pas comptée elle-même comme un nombre ; en réalité, ce qu'elle représente ne peut qu'être antérieur à la distinction du Ciel et de la Terre, et nous avons déjà vu en effet qu'elle correspond au principe commun de ceux-ci, *Tai-ki*, l'Être qui est identique à l'Unité métaphysique elle-même. Donc, tandis que 2 est le premier nombre pair, c'est 3, et non pas 1, qui est considéré comme le premier nombre impair ; par conséquent, 2 est le nombre de la Terre et 3 le nombre du Ciel ; mais alors, 2 étant avant 3 dans la série des nombres, la Terre paraît être avant le Ciel, de même que le *yin* apparaît avant le *yang* ; on retrouve ainsi dans cette correspondance numérique une autre expression, équivalente au fond, du même point de vue cosmo-logique dont nous avons parlé plus haut à propos du *yin* et du *yang*.

Ce qui peut sembler plus difficilement explicable, c'est que d'autres nombres sont encore attribués au Ciel et à la Terre, et que, pour ceux-là, il se produit, en apparence tout au moins, une sorte d'interversion ; en effet, c'est alors 5, nombre impair, qui est attribué à la Terre, et 6, nombre pair, qui est attribué au Ciel. Ici encore, on a bien deux termes consécutifs de la série des nombres, le premier dans l'ordre de cette série correspondant à la Terre et le second au Ciel ; mais, à part ce caractère qui est commun aux deux couples numériques 2 et 3 d'une part, 5 et 6 d'autre part, comment peut-il se faire qu'un nombre impair ou *yang* soit rapporté à la Terre et un nombre pair ou *yin* au Ciel ? On a parlé à ce propos, et en somme avec raison, d'un échange « hiérogamique » entre les attributs des deux principes complémentaires[140] ; il ne s'agit d'ailleurs pas en cela d'un cas isolé ou exceptionnel, et l'on peut en relever beaucoup d'autres exemples dans le symbolisme traditionnel[141]. À vrai dire, il faudrait même généraliser davantage, car on ne peut parler proprement de « hiérogamie » que lorsque les deux complémentaires sont expressément envisagés comme masculin et féminin l'un par rapport à l'autre, ainsi qu'il en est effectivement ici ; mais on trouve aussi quelque chose de semblable dans des cas où le complémentarisme revêt des aspects différents de celui-là, et nous l'avons déjà indiqué ailleurs en ce qui concerne le temps et l'espace et les symboles qui s'y rapportent respectivement dans les traditions des peuples nomades et des peuples sédentaires[142]. Il est évident que, dans ce cas où un terme temporel et un terme spatial sont considérés comme complémentaires, on ne peut pas assimiler la relation qui existe entre ces deux termes à celle du masculin et du féminin ; il n'en est pas moins vrai, cependant, que ce complémentarisme, aussi bien que tout autre, se rattache d'une certaine façon à celui du Ciel et de la Terre, car le temps est mis en correspondance avec le

Ciel par la notion des cycles, dont la base est essentiellement astronomique, et l'espace avec la Terre en tant que, dans l'ordre des apparences sensibles, la surface terrestre représente proprement l'étendue mesurable. Il ne faudrait certes pas conclure de cette correspondance que tous les complémentarismes peuvent se ramener à un type unique, et c'est pourquoi il serait erroné de parler de « hiérogamie » dans un cas comme celui que nous venons de rappeler ; ce qu'il faut dire, c'est seulement que tous les complémentarismes, de quelque type qu'ils soient, ont également leur principe dans la première de toutes les dualités, qui est celle de l'Essence et de la Substance universelles, ou, suivant le langage symbolique de la tradition extrême-orientale, celle du Ciel et de la Terre.

Maintenant, ce dont il faut bien se rendre compte pour comprendre exactement la signification différente des deux couples de nombres attribués au Ciel et à la Terre, c'est qu'un échange comme celui dont il vient d'être question ne peut se produire que lorsque les deux termes complémentaires sont envisagés dans leur rapport entre eux, ou plus spécialement comme unis l'un à l'autre s'il s'agit de « hiérogamie » proprement dite, et non pas pris en eux-mêmes et chacun séparément de l'autre. Il résulte de là que, tandis que 2 et 3 sont la Terre et le Ciel en eux-mêmes et dans leur nature propre, 5 et 6 sont la Terre et le Ciel dans leur action et réaction réciproque, donc au point de vue de la manifestation qui est le produit de cette action et de cette réaction ; c'est ce qu'exprime d'ailleurs très nettement un texte tel que celui-ci : « 5 et 6, c'est l'union centrale (*tchoung-ho*, c'est-à-dire l'union en leur centre)[143] du Ciel et de la Terre[144] ». C'est ce qui apparaît mieux encore par la constitution même des nombres 5 et 6, qui sont tous deux formés également de 2 et de 3, mais ceux-ci étant unis entre eux de deux façons différentes, par addition pour le premier (2 + 3 = 5), et par multiplication pour le second (2 × 3 = 6) ; c'est d'ailleurs pourquoi ces deux nombres 5 et 6, naissant ainsi de l'union du pair et de l'impair, sont l'un et l'autre regardés très généralement, dans le symbolisme des différentes traditions, comme ayant un caractère essentiellement « conjonctif »[145]. Pour pousser l'explication plus loin, il faut encore se demander pourquoi il y a addition dans un cas, celui de la Terre envisagée dans son union avec le Ciel, et multiplication dans l'autre cas, celui du Ciel envisagé inversement dans son union avec la Terre : c'est que, bien que chacun des deux principes reçoive dans cette union l'influence de l'autre, qui se conjoint en quelque façon à sa nature propre, ils la reçoivent cependant d'une manière différente. Par action du Ciel sur la Terre, le nombre céleste 3 vient simplement s'ajouter au nombre terrestre 2, parce que cette action, étant proprement « non-agissante », est ce qu'on peut appeler une « action de présence » ; par la réaction de la Terre à l'égard du Ciel, le nombre terrestre 2 multiplie le nombre céleste 3, parce que la potentialité de la substance est la racine même de la multiplicité[146].

On peut encore dire que, tandis que 2 et 3 expriment la nature même de la Terre et du Ciel, 5 et 6 expriment seulement leur « mesure », ce qui revient à dire que c'est bien au point de vue de la manifestation, et non plus en eux-mêmes, qu'ils sont alors envisagés ; car, ainsi que nous l'avons expliqué ailleurs[147], la notion même de la mesure est en rapport direct avec la manifestation. Le Ciel et la Terre en eux-mêmes ne sont aucunement mesurables, puisqu'ils n'appartiennent pas au domaine de la manifestation ; ce pour quoi on peut parler de mesure, ce sont seulement les déterminations par lesquelles ils apparaissent aux regards des êtres manifestés[148], et qui sont ce qu'on peut appeler les influences célestes et les influences terrestres, se traduisant par les actions respectives du *yang* et du *yin*. Pour comprendre d'une façon plus précise comment s'applique cette notion de mesure, il faut revenir ici à la considération des formes géométriques qui symbolisent les deux principes, et qui sont, comme nous l'avons vu précédemment, le cercle pour le Ciel et le carré pour la Terre[149] : les formes rectilignes, dont le carré est le prototype, sont mesurées par 5 et ses multiples, et, de même, les formes circulaires sont mesurées par 6 et ses multiples. En parlant des multiples de ces deux nombres, nous avons principalement en vue les premiers de ces multiples, c'est-à-dire le double de l'un et de l'autre, soit respectivement 10 et 12 ; en effet, la mesure naturelle des lignes droites s'effectue par une division décimale, et celle des lignes circulaires par une division duodécimale ; et l'on peut voir en cela la raison pour laquelle ces deux nombres 10 et 12 sont pris comme bases des principaux systèmes de numération, systèmes qui sont d'ailleurs parfois employés concurremment, comme c'est précisément le cas en Chine, parce qu'ils ont en réalité des applications différentes, de sorte que leur coexistence, dans une même forme traditionnelle, n'a absolument rien d'arbitraire ni de superflu[150].

Pour terminer ces remarques, nous signalerons encore l'importance donnée au nombre 11, en tant qu'il est la somme de 5 et de 6, ce qui en fait le symbole de cette « union centrale du Ciel et de la Terre » dont il a été question plus haut, et, par suite, « le nombre par lequel se constitue dans sa perfection (*tcheng*)[151] la Voie du Ciel et de la Terre[152] ». Cette importance du nombre 11, ainsi que de ses multiples, est d'ailleurs encore un point commun aux doctrines traditionnelles les plus diverses, ainsi que nous l'avons déjà indiqué en une autre occasion[153], bien que, pour des raisons qui n'apparaissent pas très clairement, elle passe généralement inaperçue des modernes qui prétendent étudier le symbolisme des nombres[154]. Ces considérations sur les nombres pourraient être développées presque indéfiniment ; mais, jusqu'ici, nous n'avons encore envisagé que ce qui concerne le Ciel et la Terre, qui sont les deux premiers termes de la Grande Triade, et il est temps de passer maintenant à la considération du troisième terme de celle-ci, c'est-à-dire de l'Homme.

CHAPITRE IX
LE FILS DU CIEL ET
DE LA TERRE

Retour au sommaire

« Le Ciel est son père, la Terre est sa mère » : telle est la formule initiatique, toujours identique à elle-même dans les circonstances les plus diverses de temps et de lieux[155], qui détermine les rapports de l'Homme avec les deux autres termes de la Grande Triade, en le définissant comme le « Fils du Ciel et de la Terre ». Il est d'ailleurs manifeste déjà, par le fait même qu'il s'agit d'une formule proprement initiatique, que l'être auquel elle s'applique dans la plénitude de son sens est beaucoup moins l'homme ordinaire, tel qu'il est dans les conditions actuelles de notre monde, que l'« homme véritable » dont l'initié est appelé à réaliser en lui-même toutes les possibilités. Il convient cependant d'y insister un peu plus, car on pourrait objecter à cela que, dès lors que la manifestation tout entière est et ne peut être que le produit de l'union du Ciel et de la Terre, tout homme, et même tout être quel qu'il soit, est également et par là même fils du Ciel et de la Terre, puisque sa nature participe nécessairement de l'un et de l'autre ; et cela est vrai en un certain sens, car il y a effectivement dans tout être une essence et une substance dans l'acception relative de ces deux termes, un aspect *yang* et un aspect *yin*, un côté « en acte » et un côté « en puissance », un « intérieur » et un « extérieur ». Pourtant, il y a des degrés à observer dans cette participation, car, dans les êtres manifestés, les influences célestes et terrestres peuvent évidemment se combiner de bien des façons et en bien des proportions différentes, et c'est d'ailleurs ce qui fait leur diversité indéfinie ; ce que tout être est d'une certaine manière et à un certain degré, c'est seulement l'Homme, et par là nous entendons ici l'« homme véritable[156] », qui, dans notre état d'existence, l'est pleinement et « par excellence », et c'est lui seul qui a, parmi ses privilèges, celui de pouvoir reconnaître effectivement le Ciel comme son « Véritable Ancêtre[157] ».

Ceci résulte, d'une façon directe et immédiate, de la situation proprement « centrale » qu'occupe l'homme dans cet état d'existence qui est le sien[158], ou du moins, faudrait-il dire pour être plus exact, qu'il doit y occuper en principe et normalement, car c'est ici qu'il y a lieu de marquer la différence de l'homme ordinaire et de l'« homme véritable ». Celui-ci, qui en effet doit seul, au point de vue traditionnel, être considéré comme l'homme réellement normal, est appelé ainsi parce qu'il possède vraiment la plénitude de la nature humaine, ayant développé en lui l'intégralité des possibilités qui y sont impliquées ; les autres hommes n'ont en somme, pourrait-on dire, qu'une potentialité humaine plus ou moins développée dans quelques-uns de ses aspects (et surtout, d'une façon générale, dans l'aspect qui correspond à la simple modalité corporelle de l'individualité), mais en tout cas fort loin d'être entièrement « actualisée » ; ce caractère de potentialité, prédominant en eux, les fait, en réalité, fils de la Terre beaucoup plus que du Ciel, et c'est lui aussi qui les fait *yin* par rapport au Cosmos. Pour que l'homme soit véritablement le « Fils du Ciel et de la Terre », il faut que, en lui, l'« acte » soit égal à la « puissance », ce qui implique la réalisation intégrale de son humanité, c'est-à-dire la condition même de l'« homme véritable » ; c'est pourquoi celui-ci est parfaitement équilibré sous le rapport du *yang* et du *yin*, et pourquoi aussi, en même temps, la nature céleste ayant nécessairement la prééminence sur la nature terrestre là où elles sont réalisées dans une égale mesure, il est *yang* par rapport au Cosmos ; c'est ainsi seulement qu'il peut remplir d'une façon effective le rôle « central » qui lui appartient en tant qu'homme, mais à la condition d'être en effet homme dans la pleine acception de ce mot, et que, à l'égard des autres êtres manifestés, « il est l'image du Véritable Ancêtre[159] ».

Maintenant, il importe de se souvenir que l'« homme véritable » est aussi l'« homme primordial », c'est-à-dire que sa condition est celle qui était naturelle à l'humanité à ses origines, et dont elle s'est éloignée peu à peu, au cours de son cycle terrestre, pour en arriver jusqu'à l'état où est actuellement ce que nous avons appelé l'homme ordinaire, et qui n'est proprement que l'homme déchu. Cette déchéance spirituelle, qui entraîne en même temps un déséquilibre sous le rapport du *yang* et du *yin*, peut être décrite comme un éloignement graduel du centre où se situait l'« homme primordial » ; un être est d'autant moins *yang* et d'autant plus *yin* qu'il est plus éloigné du centre, car, dans la même mesure précisément, l'« extérieur » l'emporte en lui sur l'« intérieur » ; et c'est pourquoi, ainsi que nous le disions tout à l'heure, il n'est plus guère alors qu'un « fils de la Terre », se distinguant de moins en moins « en acte », sinon « en puissance », des êtres non humains qui appartiennent au même degré d'existence. Ces êtres, au contraire, l'« homme primordial », au lieu de se situer simplement parmi eux, les synthétisait tous dans son humanité pleinement réalisée[160] ; a du fait même de son « intériorité », enveloppant tout son état d'existence comme le Ciel enveloppe toute la manifestation (car c'est en réalité le centre qui contient tout), il les comprenait en quelque sorte en lui-même comme des possibilités particulières incluses dans sa propre nature[161] ; et c'est pourquoi l'Homme, comme troisième terme de la Grande Triade, représente effectivement l'ensemble de tous les êtres manifestés.

Le « lieu » où se situe cet « homme véritable », c'est le point central où s'unissent effectivement les puissances du Ciel et de la Terre ; il est donc, par là même, le produit direct et achevé de leur union ; et c'est encore pourquoi les autres êtres, en tant que productions secondaires et partielles en quelque sorte, ne peuvent que procéder de lui suivant une gradation indéfinie, déterminée par leur plus ou moins grand éloignement de ce même point central. C'est en cela que, comme nous l'indiquions tout d'abord, c'est de lui seul qu'on peut dire proprement et en toute vérité qu'il est le « Fils du Ciel et de la Terre » ; il l'est « par excellence » et au degré le plus éminent qui puisse être, tandis que les autres êtres ne le sont que par participation, lui-même étant d'ailleurs nécessairement le moyen de cette participation, puisque c'est dans sa nature seule que le Ciel et la Terre sont immédiatement unis, sinon en eux-mêmes, du moins par leurs influences respectives dans le domaine d'existence auquel appartient l'état humain[162].

Comme nous l'avons expliqué ailleurs[163], l'initiation, dans sa première partie, celle qui concerne proprement les possibilités de l'état humain et qui constitue ce qu'on appelle les « petits mystères », a précisément pour but la restauration de l'« état primordial » ; en d'autres termes, par cette initiation, si elle est effectivement réalisée, l'homme est ramené, de la condition « décentrée » qui est présentement la sienne, à la situation centrale qui doit normalement lui appartenir, et rétabli dans toutes les prérogatives inhérentes à cette situation centrale. L'« homme véritable » est donc celui qui est parvenu effectivement au terme des « petits mystères », c'est-à-dire à la perfection même de l'état humain ; par là, il est désormais établi définitivement dans l'« Invariable Milieu » (*Tchoung-young*), et il échappe dès lors aux vicissitudes de la « roue cosmique », puisque le centre ne participe pas au mouvement de la roue, mais est le point fixe et immuable autour duquel s'effectue ce mouvement[164]. Ainsi, sans avoir encore atteint le degré suprême qui est le but final de l'initiation et le terme des « grands mystères », l'« homme véritable », étant passé de la circonférence au centre, de l'« extérieur » à l'« intérieur », remplit réellement, par rapport à ce monde qui est le sien[165], la fonction du « moteur immobile », dont l'« action de présence » imite, dans son domaine, l'activité « non-agissante » du Ciel[166].

CHAPITRE X
L'HOMME ET LES TROIS MONDES

Retour au sommaire

Lorsqu'on compare entre eux différents ternaires traditionnels, s'il est réellement possible de les faire correspondre terme à terme, il faut bien se garder d'en conclure que les termes correspondants sont nécessairement identiques, et cela même dans les cas où certains de ces termes portent des désignations similaires, car il peut très bien se faire que ces désignations soient appliquées par transposition analogique à des niveaux différents. Cette remarque s'impose notamment en ce qui concerne la comparaison de la Grande Triade extrême-orientale avec le *Tribhuvana* hindou : les « trois mondes » qui constituent ce dernier sont, comme on le sait, la Terre (*Bhû*), l'Atmosphère (*Bhuvas*) et le Ciel (*Swar*) ; mais le Ciel et la Terre n'y sont point le *Tien* et le *Ti* de la tradition extrême-orientale, qui correspondent toujours à *Purusha* et à *Prakriti* de la tradition hindoue[167]. En effet, tandis que ceux-ci sont en dehors de la manifestation, dont ils sont les principes immédiats, les « trois mondes » représentent au contraire l'ensemble de la manifestation elle-même, divisée en ses trois degrés fondamentaux, qui constituent respectivement le domaine de la manifestation informelle, celui de la manifestation subtile, et celui de la manifestation grossière ou corporelle.

Cela étant, il suffit, pour justifier l'emploi de termes qu'on est obligé, dans les deux cas, de traduire par les mêmes mots « Ciel » et « Terre », de remarquer que la manifestation informelle est évidemment celle où prédominent les influences célestes ; et la manifestation grossière celle où prédominent les influences terrestres, dans le sens que nous avons donné précédemment à ces expressions ; on peut dire encore, ce qui revient au même, que la première se tient du côté de l'essence et la seconde du côté de la substance, sans pourtant qu'il soit possible de les identifier en aucune façon à l'Essence et à la Substance universelles elles-mêmes[168]. Quant à la manifestation subtile, qui constitue le « monde intermédiaire » (*antariksha*), elle est bien en effet un moyen terme à cet égard, et elle procède des deux catégories d'influences complémentaires dans des proportions telles qu'on ne peut dire que l'une l'emporte nettement sur l'autre, du moins quant à l'ensemble, et bien que, dans sa très grande complexité, elle contienne des éléments qui peuvent tenir de plus près au côté essentiel ou au côté substantiel de la manifestation, mais qui, en tout cas, n'en sont pas moins toujours du côté de la substance par rapport à la manifestation informelle, et au contraire du côté de l'essence par rapport à la manifestation grossière.

Ce terme moyen du *Tribhuvana* ne saurait du moins aucunement être confondu avec celui de la Grande Triade, qui est l'Homme, bien qu'il présente pourtant avec lui un certain rapport qui, pour n'être pas immédiatement apparent, n'en est pas moins réel, et que nous indiquerons tout à l'heure ; en fait, il ne joue pas le même rôle que lui à tous les points de vue. En effet, le terme moyen de la Grande Triade est proprement le produit ou la résultante des deux extrêmes, ce qui s'exprime par sa désignation traditionnelle comme le « Fils du Ciel et de la Terre » ; ici, par contre, la manifestation subtile ne procède que de la manifestation informelle, et la manifestation grossière procède à son tour de la manifestation subtile, c'est-à-dire que chaque terme, dans l'ordre descendant, a dans celui qui le précède son principe immédiat. Ce n'est donc pas sous ce rapport de l'ordre de production des termes que la concordance entre les deux ternaires peut être établie valablement ; elle ne peut l'être que « statiquement », en quelque sorte, lorsque, les trois termes étant déjà produits, les deux extrêmes apparaissent comme correspondant relativement à l'essence et à la substance dans le domaine de la manifestation universelle prise dans son ensemble comme ayant une constitution analogue à celle d'un être particulier, c'est-à-dire proprement comme le « macrocosme ».

Nous n'avons pas à reparler longuement de l'analogie constitutive du « macrocosme » et du « microcosme », sur laquelle nous nous sommes déjà suffisamment expliqué au cours d'autres études ; ce qu'il faut surtout en retenir ici, c'est qu'un être tel que l'homme, en tant que « microcosme », doit nécessairement participer des « trois mondes » et avoir en lui des éléments qui leur correspondent respectivement ; et, en effet, la même division générale ternaire lui est également applicable : il appartient par l'esprit au domaine de la manifestation informelle, par l'âme à celui de la manifestation subtile, et par le corps à celui de la manifestation grossière ; nous y reviendrons un peu plus loin avec quelques développements, car c'est là une occasion de montrer d'une façon plus précise les rapports de différents ternaires qui sont parmi les plus importants qu'on puisse avoir à envisager. C'est d'ailleurs l'homme, et par là il faut entendre surtout l'« homme véritable » ou pleinement réalisé, qui, plus que tout autre être, est véritablement le « microcosme », et cela encore en raison de sa situation « centrale », qui en fait comme une image ou plutôt comme une « somme » (au sens latin de ce mot) de tout l'ensemble de la manifestation, sa nature, comme nous le disions précédemment, synthétisant en elle-même celle de tous les autres êtres, de sorte qu'il ne peut rien se trouver dans la manifestation qui n'ait dans l'homme sa représentation et sa correspondance. Ce n'est pas là une simple façon de parler plus ou moins « métaphorique », comme les modernes sont trop volontiers portés à le croire, mais bien l'expression d'une vérité rigoureuse, sur laquelle se fonde une notable partie des sciences traditionnelles ; là réside notamment l'explication des corrélations qui existent, de la façon la plus « positive », entre les modifications de l'ordre humain et celles de l'ordre cosmique, et sur lesquelles la tradition extrême-orientale insiste peut-être plus encore que tout autre pour en tirer pratiquement toutes les applications qu'elles comportent.

D'autre part, nous avons fait allusion à un rapport plus particulier de l'homme avec le « monde intermédiaire », qui est ce qu'on pourrait appeler un rapport de « fonction » : placé entre le Ciel et la Terre, non pas seulement au sens principiel qu'ils ont dans la Grande Triade, mais aussi au sens plus spécialisé qu'ils ont dans le *Tribhuvana*, c'est-à-dire entre le monde spirituel et le monde corporel, et participant à la fois de l'un et de l'autre par sa constitution, l'homme a par là même, à l'égard de l'ensemble du Cosmos, un rôle intermédiaire comparable à celui qu'a dans l'être vivant l'âme entre l'esprit et le corps. Or ce qui est particulièrement à remarquer à cet égard, c'est que, précisément, c'est dans le domaine intermédiaire dont l'ensemble est désigné comme l'âme, ou encore comme la « forme subtile », que se trouve compris l'élément qui est proprement caractéristique de l'individualité humaine comme telle, et qui est le « mental » (*manas*), de sorte que, pourrait-on dire, cet élément spécifiquement humain se situe dans l'homme comme l'homme lui-même se situe dans le Cosmos.

Il est dès lors facile de comprendre que la fonction par rapport à laquelle s'établit la correspondance de l'homme avec le terme moyen du *Tribhuvana*, ou avec l'âme qui le représente dans l'être vivant, est proprement une fonction de « médiation » : le principe animique a été souvent qualifié de « médiateur » entre l'esprit et le corps[169] ; et, de même, l'homme a véritablement un rôle de « médiateur » entre le Ciel et la Terre, ainsi que nous l'expliquerons plus amplement par la suite. C'est en cela seulement, et non pas en tant que l'homme est le « Fils du Ciel et de la Terre », qu'une correspondance terme à terme peut être établie entre la Grande Triade et le *Tribhuvana*, sans d'ailleurs que cette correspondance implique aucunement une identification des termes de l'une à ceux de l'autre ; c'est là le point de vue que nous avons appelé « statique », pour le distinguer de celui qu'on pourrait dire « génétique »[170], c'est-à-dire de celui qui concerne l'ordre de production des termes, et pour lequel une telle concordance n'est plus possible, comme on le verra mieux encore par les considérations qui vont suivre.

CHAPITRE XI
« SPIRITUS »,
« ANIMA », « CORPUS »

Retour au sommaire

La division ternaire est la plus générale et en même temps la plus simple qu'on puisse établir pour définir la constitution d'un être vivant, et en particulier celle de l'homme, car il est bien entendu que la dualité cartésienne de l'« esprit » et du « corps », qui s'est en quelque sorte imposée à toute la pensée occidentale moderne, ne saurait en aucune façon correspondre à la réalité ; nous y avons déjà insisté assez souvent ailleurs pour n'avoir pas besoin d'y revenir présentement. La distinction de l'esprit, de l'âme et du corps est d'ailleurs celle qui a été unanimement admise par toutes les doctrines traditionnelles de l'Occident, que ce soit dans l'antiquité ou au moyen âge ; qu'on en soit arrivé plus tard à l'oublier au point de ne plus voir dans les termes d'« esprit » et d'« âme » que des sortes de synonymes, d'ailleurs assez vagues, et de les employer indistinctement l'un pour l'autre, alors qu'ils désignent proprement des réalités d'ordre totalement différent, c'est peut-être là un des exemples les plus étonnants que l'on puisse donner de la confusion qui caractérise la mentalité moderne. Cette erreur a d'ailleurs des conséquences qui ne sont pas toutes d'ordre purement théorique, et elle n'en est évidemment que plus dangereuse[171] ; mais ce n'est pas là ce dont nous avons à nous occuper ici, et nous voulons seulement, en ce qui concerne la division ternaire traditionnelle, préciser quelques points qui ont un rapport plus direct avec le sujet de notre étude.

Cette distinction de l'esprit, de l'âme et du corps a été appliquée au « macrocosme » aussi bien qu'au « microcosme », la constitution de l'un étant analogue à celle de l'autre, de sorte qu'on doit nécessairement retrouver des éléments qui se correspondent rigoureusement de part et d'autre. Cette considération, chez les Grecs, paraît se rattacher surtout à la doctrine cosmologique des Pythagoriciens, qui d'ailleurs ne faisait en réalité que « réadapter » des enseignements beaucoup plus anciens ; Platon s'est inspiré de cette doctrine et l'a suivie de beaucoup plus près qu'on ne le croit d'ordinaire, et c'est en partie par son intermédiaire que quelque chose s'en est transmis à des philosophes postérieurs, tels par exemple que les Stoïciens, dont le point de vue beaucoup plus exotérique a du reste trop souvent mutilé et déformé les conceptions dont il s'agit. Les Pythagoriciens envisageaient un quaternaire fondamental qui comprenait tout d'abord le Principe, transcendant par rapport au Cosmos, puis l'Esprit et l'Ame universels, et enfin la *Hylê* primordiale[172] ; il importe de remarquer que cette dernière, en tant que pure potentialité, ne peut pas être assimilée au corps, et qu'elle correspond plutôt à la « Terre » de la Grande Triade qu'à celle du *Tribhuvana*, tandis que l'Esprit et l'Ame universels rappellent manifestement les deux autres termes de ce dernier. Quant au Principe transcendant, il correspond à certains égards au « Ciel » de la Grande Triade, mais pourtant, d'autre part, il s'identifie aussi à l'Être ou à l'Unité métaphysique, c'est-à-dire à *Tai-ki* ; il semble manquer ici une distinction nette, qui d'ailleurs n'était peut-être pas exigée par le point de vue, beaucoup moins métaphysique que cosmologique, auquel le quaternaire dont il s'agit était établi. Quoi qu'il en soit, les Stoïciens déformèrent cet enseignement dans un sens « naturaliste », en perdant de vue le Principe transcendant, et en n'envisageant plus qu'un « Dieu » immanent qui, pour eux, s'assimilait purement et simplement au *Spiritus Mundi* ; nous ne disons pas à l'*Anima Mundi*, contrairement à ce que semblent croire certains de leurs interprètes affectés par la confusion moderne de l'esprit et de l'âme, car en réalité, pour eux aussi bien que pour ceux qui suivaient plus fidèlement la doctrine traditionnelle, cette *Anima Mundi* n'a jamais eu qu'un rôle simplement « démiurgique », au sens le plus strict de ce mot, dans l'élaboration du Cosmos à partir de la *Hylê* primordiale.

Nous venons de dire l'élaboration du Cosmos, mais il serait peut-être plus exact de dire ici la formation du *Corpus Mundi*, d'abord parce que la fonction « démiurgique » est en effet proprement une fonction « formatrice[173] », et ensuite parce que, en un certain sens, l'Esprit et l'Âme universels font eux-mêmes partie du Cosmos ; en un certain sens, car, à vrai dire, ils peuvent être envisagés sous un double point de vue, correspondant encore en quelque façon à ce que nous avons appelé plus haut le point de vue « génétique » et le point de vue « statique », soit comme des « principes » (en un sens relatif), soit comme des « éléments » constitutifs de l'être « macro-cosmique ». Ceci provient de ce que, dès lors qu'il s'agit du domaine de l'Existence manifestée, nous sommes en deçà de la distinction de l'Essence et de la Substance ; du côté « essentiel », l'Esprit et l'Âme sont, à des niveaux différents, comme des « réflexions » du Principe même de la manifestation ; du côté « substantiel », ils apparaissent au contraire comme des « productions » tirées de la *materia prima*, bien que déterminant eux-mêmes ses productions ultérieures dans le sens descendant[174], et cela parce que, pour se situer effectivement dans le manifesté, il faut bien qu'ils deviennent eux-mêmes partie intégrante de la manifestation universelle. Le rapport de ces deux points de vue est représenté symboliquement par le complémentarisme du rayon lumineux et du plan de réflexion, qui sont l'un et l'autre nécessaires pour qu'une image se produise, de sorte que, d'une part, l'image est véritablement un reflet de la source lumineuse elle-même, et que, d'autre part, elle se situe au degré de réalité qui est marqué par le plan de réflexion[175] ; pour employer le langage de la tradition extrême-orientale, le rayon lumineux correspond ici aux influences célestes et le plan de réflexion aux influences terrestres, ce qui coïncide bien avec la considération de l'aspect « essentiel » et de l'aspect « substantiel » de la manifestation[176].

Naturellement, ces remarques, que nous venons de formuler à propos de la constitution du « macrocosme », s'appliquent tout aussi bien en ce qui concerne l'esprit et l'âme dans le « microcosme » ; il n'y a que le corps qui ne peut jamais être considéré à proprement parler comme un « principe », parce que, étant l'aboutissement et le terme final de la manifestation (ceci, bien entendu, pour ce qui est de notre monde ou de notre état d'existence), il n'est que « produit » et ne peut devenir « producteur » sous aucun rapport. Par ce caractère, le corps exprime, aussi complètement qu'il est possible dans l'ordre manifesté, la passivité substantielle ; mais, en même temps, il se différencie aussi par là, de la façon la plus évidente, de la Substance elle-même, qui concourt en tant que principe « maternel » à la production de la manifestation. À cet égard, le ternaire de l'esprit, de l'âme et du corps est, peut-on dire, constitué autrement que les ternaires formés de deux termes complémentaires et en quelque sorte symétriques et d'un produit qui occupe entre eux une situation intermédiaire ; dans ce cas (et aussi, cela va de soi, dans celui du *Tribhuvana* auquel il correspond exactement), les deux premiers termes se situent du même côté par rapport au troisième, et, si celui-ci peut en somme être considéré encore comme leur produit, ils ne jouent plus dans cette production un rôle symétrique : le corps a dans l'âme son principe immédiat, mais il ne procède de l'esprit qu'indirectement et par l'intermédiaire de l'âme. C'est seulement lorsqu'on considère l'être comme entièrement constitué, donc au point de vue que nous avons appelé « statique », que, voyant dans l'esprit son aspect « essentiel » et dans le corps son aspect « substantiel », on peut trouver sous ce rapport une symétrie, non plus entre les deux premiers termes du ternaire, mais entre le premier et le dernier ; l'âme est bien alors, sous le même rapport, intermédiaire entre l'esprit et le corps (et c'est ce qui justifie sa désignation comme principe « médiateur », que nous indiquions précédemment), mais elle n'en demeure pas moins, comme second terme, forcément antérieure au troisième[177], et, par conséquent, elle ne saurait aucunement être regardée comme un produit ou une résultante des deux termes extrêmes.

Une question peut encore se poser : comment se fait-il que, malgré le défaut de symétrie que nous venons d'indiquer entre eux, l'esprit et l'âme soient cependant pris parfois d'une certaine façon comme complémentaires, l'esprit étant alors généralement regardé comme principe masculin et l'âme comme principe féminin ? C'est que, l'esprit étant ce qui, dans la manifestation, est le plus proche du pôle essentiel, l'âme se trouve, relativement à lui, du côté substantiel ; ainsi, l'un par rapport à l'autre, l'esprit est *yang* et l'âme est *yin*, et c'est pourquoi ils sont souvent symbolisés respectivement par le Soleil et la Lune, ce qui peut d'ailleurs se justifier encore plus complètement en disant que l'esprit est la lumière émanée directement du Principe, tandis que l'âme ne présente qu'une réflexion de cette lumière. De plus, le « monde intermédiaire », qu'on peut appeler aussi le domaine « animique », est proprement le milieu où s'élaborent les formes, ce qui, en somme, constitue bien un rôle « substantiel » ou « maternel » ; et cette élaboration s'opère sous l'action ou plutôt sous l'influence de l'esprit, qui a ainsi, à cet égard, un rôle « essentiel » ou « paternel » ; il est d'ailleurs bien entendu qu'il ne s'agit en cela, pour l'esprit, que d'une « action de présence », à l'imitation de l'activité « non-agissante » du Ciel[178].

Nous ajouterons quelques mots au sujet des principaux symboles de l'*Anima Mundi* : l'un des plus habituels est le serpent, en raison de ce que le monde « animique » est le domaine propre des forces cosmiques, qui, bien qu'agissant aussi dans le monde corporel, appartiennent en elles-mêmes à l'ordre subtil ; et ceci se rattache naturellement à ce que nous avons dit plus haut du symbolisme de la double spirale et de celui du caducée ; d'ailleurs, la dualité des aspects que revêt la force cosmique correspond bien au caractère intermédiaire de ce monde « animique », qui en fait proprement le lieu de rencontre des influences célestes et des influences terrestres. D'autre part, le serpent, en tant que symbole de l'*Anima Mundi*, est le plus souvent représenté sous la forme circulaire de l'*Ouroboros* ; cette forme convient en effet au principe animique en tant qu'il est du côté de l'essence par rapport au monde corporel ; mais, bien entendu, il est au contraire du côté de la substance par rapport au monde spirituel, de sorte que, suivant le point de vue où on l'envisage, il peut prendre les attributs de l'essence ou ceux de la substance, ce qui lui donne pour ainsi dire l'apparence d'une double nature. Ces deux aspects se trouvent réunis d'une façon assez remarquable dans un autre symbole de l'*Anima Mundi*, qui appartient à l'hermétisme du moyen âge (fig. 15) : on y voit un cercle à l'intérieur d'un carré « animé », c'est-à-dire posé sur un de ses angles pour suggérer l'idée du mouvement, tandis que le carré reposant sur sa base exprime au contraire l'idée de stabilité[179] ; et ce qui rend cette figure particulièrement intéressante au point de vue où nous nous plaçons présentement, c'est que les formes circulaire et carrée qui en sont les éléments y ont des significations respectives exactement concordantes avec celles qu'elles ont dans la tradition extrême-orientale[180].

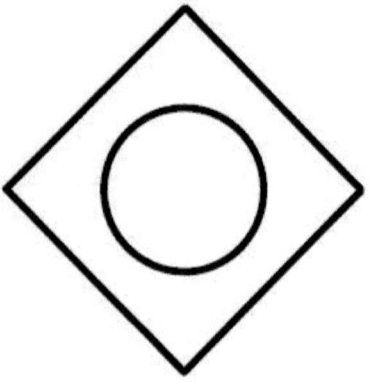

Fig. 15

CHAPITRE XII
LE SOUFRE, LE MERCURE ET LE SEL

Retour au sommaire

La considération du ternaire de l'esprit, de l'âme et du corps nous conduit assez naturellement à celle du ternaire alchimique du Soufre, du Mercure et du Sel[181], car celui-ci lui est comparable à bien des égards, quoique procédant cependant d'un point de vue quelque peu différent, ce qui apparaît notamment dans le fait que le complémentarisme des deux premiers termes y est beaucoup plus accentué, d'où une symétrie qui, comme nous l'avons vu, n'existe pas véritablement dans le cas de l'esprit et de l'âme. Ce qui fait une des grandes difficultés de la compréhension des écrits alchimiques ou hermétiques en général, c'est que les mêmes termes y sont souvent pris dans de multiples acceptions, qui correspondent à des points de vue divers ; mais, s'il en est ainsi en particulier pour le Soufre et le Mercure, il n'en est pas moins vrai que le premier est constamment envisagé comme un principe actif ou masculin, et le second comme un principe passif ou féminin ; quant au Sel, il est neutre en quelque sorte, ainsi qu'il convient au produit des deux complémentaires, en lequel s'équilibrent les tendances inverses inhérentes à leurs natures respectives.

Sans entrer dans des détails qui seraient ici hors de propos, on peut dire que le Soufre, que son caractère actif fait assimiler à un principe igné, est essentiellement un principe d'activité intérieure, considéré comme s'irradiant à partir du centre même de l'être. Dans l'homme, ou par similitude avec celui-ci, cette force interne est souvent identifiée d'une certaine façon à la puissance de la volonté ; ceci n'est d'ailleurs exact qu'à la condition d'entendre la volonté en un sens beaucoup plus profond que son sens psychologique ordinaire, et d'une manière analogue à celle où l'on peut par exemple parler de la « Volonté divine[182] » ou, suivant la terminologie extrême-orientale, de la « Volonté du Ciel », puisque son origine est proprement « centrale », tandis que tout ce qu'envisage la psychologie est simplement « périphérique » et ne se rapporte en somme qu'à des modifications superficielles de l'être. C'est d'ailleurs à dessein que nous mentionnons ici la « Volonté du Ciel », car, sans pouvoir être assimilé au Ciel lui-même, le Soufre, par son « intériorité », appartient du moins évidemment à la catégorie des influences célestes ; et, en ce qui concerne son identification à la volonté, on peut dire que, si elle n'est pas vraiment applicable au cas de l'homme ordinaire (que la psychologie prend exclusivement comme objet de son étude), elle est, par contre, pleinement justifiée dans celui de l'« homme véritable », qui se situe lui-même au centre de toutes choses, et dont la volonté, par suite, est nécessairement unie à la « Volonté du Ciel[183] ».

Quant au Mercure, sa passivité, corrélativement à l'activité du Soufre, le fait regarder comme un principe humide[184] ; et il est considéré comme réagissant de l'extérieur, de sorte qu'il joue à cet égard le rôle d'une force centripète et compressive, s'opposant à l'action centrifuge et expansive du Soufre et la limitant en quelque façon. Par tous ces caractères respectivement complémentaires, activité et passivité, « intériorité » et « extériorité », expansion et compression, on voit que, pour revenir au langage extrême-oriental, le Soufre est *yang* et le Mercure *yin*, et que, si le premier est rapporté à l'ordre des influences célestes, le second doit l'être à celui des influences terrestres. Cependant, il faut bien prendre garde que le Mercure ne se situe pas dans le domaine corporel, mais bien dans le domaine subtil ou « animique » : on peut, en raison de son caractère d'« extériorité », le considérer comme représentant l'« ambiance », celle-ci devant être conçue alors comme constituée par l'ensemble des courants de la double force cosmique dont nous avons parlé précédemment[185]. C'est d'ailleurs en raison de la double nature ou du double aspect que présente cette force, et qui est comme un caractère inhérent à tout ce qui appartient au « monde intermédiaire », que le Mercure, tout en étant considéré principalement comme un principe humide ainsi que nous venons de le dire, est cependant décrit parfois comme une « eau ignée » (et même alternativement comme un « feu liquide »[186]), et cela surtout en tant qu'il subit l'action du Soufre, qui « évertue » cette double nature et la fait passer de la puissance à l'acte[187].

De l'action intérieure du Soufre et de la réaction extérieure du Mercure, il résulte une sorte de « cristallisation » déterminant, pourrait-on dire, une limite commune à l'intérieur et à l'extérieur, ou une zone neutre où se rencontrent et se stabilisent les influences opposées procédant respectivement de l'un et de l'autre ; le produit de cette « cristallisation » est le Sel[188], qui est représenté par le cube, en tant que celui-ci est à la fois le type de la forme cristalline et le symbole de la stabilité[189]. Par là même qu'il marque, quant à la manifestation individuelle d'un être, la séparation de l'intérieur et de l'extérieur, ce troisième terme constitue pour cet être comme une « enveloppe » par laquelle il est à la fois en contact avec l'« ambiance » sous un certain rapport et isolé de celle-ci sous un autre rapport ; en cela, il correspond au corps, qui joue effectivement ce rôle « terminant » dans un cas comme celui de l'individualité humaine[190]. D'autre part, on a vu par ce qui précède le rapport évident du Soufre avec l'esprit et du Mercure avec l'âme ; mais, ici encore, il faut faire la plus grande attention, en comparant entre eux différents ternaires, à ce que la correspondance de leurs termes peut varier suivant le point de vue où on les envisage. En effet, le Mercure, en tant que principe « animique », correspond au « monde intermédiaire » ou au terme médian du *Tribhuvana*, et le Sel, en tant qu'il est, nous ne dirons pas identique, mais tout au moins comparable au corps, occupe la même position extrême que le domaine de la manifestation grossière ; mais, sous un autre rapport, la situation respective de ces deux termes apparaît comme inverse de celle-là, c'est-à-dire que c'est le Sel qui devient alors le terme médian. Ce dernier point de vue est le plus caractéristique de la conception spécifiquement hermétique du ternaire dont il s'agit, en raison du rôle symétrique qu'elle donne au Soufre et au Mercure : le Sel est alors intermédiaire entre eux, d'abord parce qu'il est comme leur résultante, et ensuite parce qu'il se place à la limite même des deux domaines « intérieur » et « extérieur » auxquels ils correspondent respectivement ; il est « terminant » en ce sens, pourrait-on dire, plus encore que quant au processus de la manifestation, bien que, en réalité, il le soit à la fois de l'une et de l'autre façon.

Ceci doit permettre de comprendre pourquoi nous ne pouvons pas identifier sans réserves le Sel au corps ; on peut seulement dire, pour être exact, que le corps correspond au Sel sous un certain aspect ou dans une application particulière du ternaire alchimique. Dans une autre application moins restreinte, c'est l'individualité tout entière qui correspond au Sel[191] : le Soufre, alors, est toujours le principe interne de l'être, et le Mercure est l'« ambiance » subtile d'un certain monde ou état d'existence ; l'individualité (en supposant naturellement qu'il s'agit d'un état de manifestation formelle, tel que l'état humain) est la résultante de la rencontre du principe interne avec l'« ambiance » ; et l'on peut dire que l'être, en tant que manifesté dans cet état, est comme « enveloppé » dans l'individualité, d'une façon analogue à celle dont, à un autre niveau, l'individualité elle-même est « enveloppée » dans le corps. Pour reprendre un symbolisme que nous avons déjà employé précédemment, le Soufre est comparable au rayon lumineux et le Mercure à son plan de réflexion, et le Sel est le produit de la rencontre du premier avec le second ; mais ceci, qui implique toute la question des rapports de l'être avec le milieu où il se manifeste, mérite d'être envisagé avec de plus amples développements.

CHAPITRE XIII
L'ÊTRE ET LE MILIEU

Retour au sommaire

Il y a, dans la nature individuelle de tout être, deux éléments d'ordre différent, qu'il convient de bien distinguer, tout en marquant leurs rapports d'une façon aussi précise que possible : cette nature individuelle, en effet, procède d'abord de ce que l'être est en lui-même, et qui représente son côté intérieur et actif, et ensuite, secondairement, de l'ensemble des influences du milieu dans lequel il se manifeste, qui représentent son côté extérieur et passif. Pour comprendre comment la constitution de l'individualité (et il doit être bien entendu qu'il s'agit ici de l'individualité intégrale, dont la modalité corporelle n'est que la partie la plus extérieure) est déterminée par l'action du premier de ces deux éléments sur le second, ou, en termes alchimiques, comment le Sel résulte de l'action du Soufre sur le Mercure, nous pouvons nous servir de la représentation géométrique à laquelle nous venons de faire allusion en parlant du rayon lumineux et de son plan de réflexion[192] ; et, pour cela, nous devons rapporter le premier élément au sens vertical, et le second au sens horizontal. En effet, la verticale représente alors ce qui relie entre eux tous les états de manifestation d'un même être, et qui est nécessairement l'expression de cet être même, ou, si l'on veut, de sa « personnalité », la projection directe par laquelle celle-ci se reflète dans tous les états, tandis que le plan horizontal représentera le domaine d'un certain état de manifestation, envisagé ici au sens « macrocosmique » ; par conséquent, la manifestation de l'être dans cet état sera déterminée par l'intersection de la verticale considérée avec ce plan horizontal.

Cela étant, il est évident que le point d'intersection n'est pas quelconque, mais qu'il est lui-même déterminé par la verticale dont il s'agit, en tant qu'elle se distingue de toute autre verticale, c'est-à-dire, en somme, par le fait que cet être est ce qu'il est, et non pas ce qu'est un autre être quelconque se manifestant également dans le même état. On pourrait dire, en d'autres termes, que c'est l'être qui, par sa nature propre, détermine lui-même les conditions de sa manifestation, sous la réserve, bien entendu, que ces conditions ne pourront en tout cas être qu'une spécification des conditions générales de l'état envisagé, puisque sa manifestation doit être nécessairement un développement de possibilités contenues dans cet état, à l'exclusion de celles qui appartiennent à d'autres états ; et cette réserve est marquée géométriquement par la détermination préalable du plan horizontal.

L'être se manifestera donc en se revêtant, pour ainsi dire, d'éléments empruntés à l'ambiance, et dont la « cristallisation » sera déterminée par l'action, sur cette ambiance, de sa propre nature interne (qui, en elle-même, doit être considérée comme d'ordre essentiellement supra-individuel, ainsi que l'indique le sens vertical suivant lequel s'exerce son action) ; dans le cas de l'état individuel humain, ces éléments appartiendront naturellement aux différentes modalités de cet état, c'est-à-dire à la fois à l'ordre corporel et à l'ordre subtil ou psychique. Ce point est particulièrement important pour écarter certaines difficultés qui ne sont dues qu'à des conceptions erronées ou incomplètes : en effet, si par exemple on traduit ceci plus spécialement en termes d'« hérédité », on pourra dire qu'il y a non seulement une hérédité physiologique, mais aussi une hérédité psychique, l'une et l'autre s'expliquant exactement de la même façon, c'est-à-dire par la présence, dans la constitution de l'individu, d'éléments empruntés au milieu spécial où sa naissance a eu lieu. Or, en Occident, certains refusent d'admettre l'hérédité psychique, parce que, ne connaissant rien au-delà du domaine auquel elle se rapporte, ils croient que ce domaine doit être celui qui appartient en propre à l'être lui-même, qui représente ce qu'il est indépendamment de toute influence du milieu. D'autres, qui admettent au contraire cette hérédité, croient pouvoir en conclure que l'être, dans tout ce qu'il est, est entièrement déterminé par le milieu, qu'il n'est rien de plus ni d'autre que ce que celui-ci le fait être, parce qu'eux non plus ne conçoivent rien en dehors de l'ensemble des domaines corporel et psychique. Il s'agit donc là de deux erreurs opposées en quelque sorte, mais qui ont une seule et même source : les uns et les autres réduisent l'être tout entier à sa seule manifestation individuelle, et ils ignorent pareillement tout principe transcendant par rapport à celle-ci. Ce qui est au fond de toutes ces conceptions modernes de l'être humain, c'est toujours l'idée de la dualité cartésienne « corps-âme[193] », qui, en fait, équivaut purement et simplement à la dualité du physiologique et du psychique, considérée indûment comme irréductible, ultime en quelque sorte, et comme comprenant tout l'être dans ses deux termes, alors qu'en réalité ceux-ci ne représentent que les aspects superficiels et extérieurs de l'être manifesté, et qu'ils ne sont que de simples modalités appartenant à un seul et même degré d'existence, celui que figure le plan horizontal que nous avons envisagé, de sorte que l'un n'est pas moins contingent que l'autre, et que l'être véritable est au-delà de l'un tout aussi bien que de l'autre.

Pour en revenir à l'hérédité, nous devons dire qu'elle n'exprime pas intégralement les influences du milieu sur l'individu, mais qu'elle en constitue seulement la partie la plus immédiatement saisissable ; en réalité, ces influences s'étendent beaucoup plus loin, et l'on pourrait même dire, sans aucune exagération et de la façon la plus littéralement exacte, qu'elles s'étendent indéfiniment dans tous les sens. En effet, le milieu cosmique, qui est le domaine de l'état de manifestation considéré, ne peut être conçu que comme un ensemble dont toutes les parties sont liées entre elles, sans aucune solution de continuité, car le concevoir autrement reviendrait à y supposer un « vide », alors que celui-ci, n'étant pas une possibilité de manifestation, ne saurait y avoir aucune place[194]. Par suite, il doit nécessairement y avoir des relations, c'est-à-dire au fond des actions et réactions réciproques, entre tous les êtres individuels qui sont manifestés dans ce domaine, soit simultanément, soit successivement[195] ; du plus proche au plus éloigné (et cela doit s'entendre dans le temps aussi bien que dans l'espace), ce n'est en somme qu'une question de différence de proportions ou de degrés, de sorte que l'hérédité, quelle que puisse être son importance relative par rapport à tout le reste, n'apparaît plus là-dedans que comme un simple cas particulier.

Dans tous les cas, qu'il s'agisse d'influences héréditaires ou autres, ce que nous avons dit tout d'abord demeure toujours également vrai : la situation de l'être dans le milieu étant déterminée en définitive par sa nature propre, les éléments qu'il emprunte à son ambiance immédiate, et aussi ceux qu'il attire en quelque sorte à lui de tout l'ensemble indéfini de son domaine de manifestation (et cela, bien entendu, s'applique aux éléments d'ordre subtil aussi bien qu'à ceux d'ordre corporel), doivent être nécessairement en correspondance avec cette nature, sans quoi il ne pourrait se les assimiler effectivement de façon à en faire comme autant de modifications secondaires de lui-même. C'est en cela que consiste l'« affinité » en vertu de laquelle l'être, pourrait-on dire, ne prend du milieu que ce qui est conforme aux possibilités qu'il porte en lui, qui sont les siennes propres et ne sont celles d'aucun autre être, que ce qui, en raison de cette conformité même, doit fournir les conditions contingentes permettant à ces possibilités de se développer ou de s'« actualiser » au cours de sa manifestation individuelle[196]. Il est d'ailleurs évident que toute relation entre deux êtres quelconques, pour être réelle, doit être forcément l'expression de quelque chose qui appartient à la fois à la nature de l'un et de l'autre ; ainsi, l'influence qu'un être paraît subir du dehors et recevoir d'un autre que lui n'est jamais véritablement, quand on l'envisage à un point de vue plus profond, qu'une sorte de traduction, par rapport au milieu, d'une possibilité inhérente à la nature propre de cet être lui-même[197].

Il est cependant un sens dans lequel on peut dire que l'être subit vraiment, dans sa manifestation, l'influence du milieu ; mais c'est seulement en tant que cette influence est envisagée par son côté négatif, c'est-à-dire en tant qu'elle constitue proprement pour cet être une limitation. C'est là une conséquence immédiate du caractère conditionné de tout état de manifestation : l'être s'y trouve soumis à certaines conditions qui ont un rôle limitatif, et qui comprennent tout d'abord les conditions générales définissant l'état considéré, et ensuite les conditions spéciales définissant le mode particulier de manifestation de cet être dans cet état. Il est du reste facile à comprendre que, quelles que soient les apparences, la limitation comme telle n'a aucune existence positive, qu'elle n'est rien d'autre qu'une restriction excluant certaines possibilités, ou une « privation » par rapport à ce qu'elle exclut ainsi, c'est-à-dire, de quelque façon qu'on veuille l'exprimer, quelque chose de purement négatif.

D'autre part, il doit être bien entendu que de telles conditions limitatives sont essentiellement inhérentes à un certain état de manifestation, qu'elles s'appliquent exclusivement à ce qui est compris dans cet état, et que, par conséquent, elles ne sauraient aucunement s'attacher à l'être lui-même et le suivre dans un autre état. L'être trouvera naturellement aussi, pour se manifester dans celui-ci, certaines conditions ayant un caractère analogue, mais qui seront différentes de celles auxquelles il était soumis dans l'état que nous avons envisagé tout d'abord, et qui ne pourront jamais être décrites dans des termes convenant uniquement à ces dernières, comme ceux du langage humain, par exemple, qui ne peuvent exprimer des conditions d'existence autres que celles de l'état correspondant, puisque ce langage se trouve en somme déterminé et comme façonné par ces conditions mêmes. Nous y insistons parce que, si l'on admet sans grande difficulté que les éléments tirés de l'ambiance pour entrer dans la constitution de l'individualité humaine, ce qui est proprement une « fixation » ou une « coagulation » de ces éléments, doivent lui être restitués, par « solution », lorsque cette individualité a terminé son cycle d'existence et que l'être passe à un autre état, ainsi que tout le monde peut d'ailleurs le constater directement tout au moins en ce qui concerne les éléments d'ordre corporel[198], il semble moins simple d'admettre, quoique les deux choses soient pourtant assez étroitement liées en réalité, que l'être sort alors entièrement des conditions auxquelles il était soumis dans cet état individuel[199] ; et ceci tient sans doute surtout à l'impossibilité, non pas certes de concevoir, mais de se représenter des conditions d'existence tout autres que celles-là, et pour lesquelles on ne saurait trouver dans cet état aucun terme de comparaison.

Une application importante de ce que nous venons d'indiquer est celle qui se rapporte au fait qu'un être individuel appartient à une certaine espèce, telle que l'espèce humaine par exemple : il y a évidemment dans la nature même de cet être quelque chose qui a déterminé sa naissance dans cette espèce plutôt que dans toute autre[200] ; mais, d'autre part, il se trouve dès lors soumis aux conditions qu'exprime la définition même de l'espèce, et qui seront parmi les conditions spéciales de son mode d'existence en tant qu'individu ; ce sont là, pourrait-on dire, les deux aspects positif et négatif de la nature spécifique, positif en tant que domaine de manifestation de certaines possibilités, négatif en tant que condition limitative d'existence. Seulement, ce qu'il faut bien comprendre, c'est que ce n'est qu'en tant qu'individu manifesté dans l'état considéré que l'être appartient effectivement à l'espèce en question, et que, dans tout autre état, il lui échappe entièrement et ne lui demeure lié en aucune façon. En d'autres termes, la considération de l'espèce s'applique uniquement dans le sens horizontal, c'est-à-dire dans le domaine d'un certain état d'existence ; elle ne peut aucunement intervenir dans le sens vertical, c'est-à-dire lorsque l'être passe à d'autres états. Bien entendu, ce qui est vrai à cet égard pour l'espèce l'est aussi, à plus forte raison, pour la race, pour la famille, en un mot pour toutes les portions plus ou moins restreintes du domaine individuel dans lesquelles l'être, par les conditions de sa naissance, se trouve inclus quant à sa manifestation dans l'état considéré[201].

Pour terminer ces considérations, nous dirons quelques mots de la façon dont on peut, d'après ce qui précède, envisager ce qu'on appelle les « influences astrales » ; et tout d'abord, il convient de préciser qu'on ne doit pas entendre par là exclusivement, ni même principalement, les influences propres des astres dont les noms servent à les désigner, bien que ces influences, comme celles de toutes choses, aient sans doute aussi leur réalité dans leur ordre, mais que ces astres représentent surtout symboliquement, ce qui ne veut point dire « idéalement » ou par une façon de parler plus ou moins figurée, mais au contraire en vertu de correspondances effectives et précises fondées sur la constitution même du « macrocosme », la synthèse de toutes les catégories diverses d'influences cosmiques qui s'exercent sur l'individualité, et dont la plus grande part appartient proprement à l'ordre subtil. Si l'on considère, comme on le fait le plus habituellement, que ces influences dominent l'individualité, ce n'est là que le point de vue le plus extérieur ; dans un ordre plus profond, la vérité est que, si l'individualité est en rapport avec un ensemble défini d'influences, c'est que cet ensemble est celui-là même qui est conforme à la nature de l'être se manifestant dans cette individualité. Ainsi, si les « influences astrales » semblent déterminer ce qu'est l'individu, ce n'est pourtant là que l'apparence ; au fond, elles ne le déterminent pas, mais elles l'expriment seulement, en raison de l'accord ou de l'harmonie qui doit nécessairement exister entre l'individu et son milieu, et sans quoi cet individu ne pourrait aucunement réaliser les possibilités dont le développement constitue le cours même de son existence. La vraie détermination ne vient pas du dehors, mais de l'être lui-même (ce qui revient en somme à dire que, dans la formation du Sel, c'est le Soufre qui est le principe actif, tandis que le Mercure n'est que le principe passif), et les signes extérieurs permettent seulement de la discerner, en lui donnant en quelque sorte une expression sensible, tout au moins pour ceux qui sauront les interpréter correctement[202]. En fait, cette considération ne modifie assurément en rien les résultats qu'on peut tirer de l'examen des « influences astrales » ; mais, au point de vue doctrinal, elle nous paraît essentielle pour comprendre le véritable rôle de celles-ci, c'est-à-dire, en somme, la nature réelle des rapports de l'être avec le milieu dans lequel s'accomplit sa manifestation individuelle, puisque ce qui s'exprime à travers ces influences, sous une forme intelligiblement coordonnée, c'est la multitude indéfinie des éléments divers qui constituent ce milieu tout entier. Nous n'y insisterons pas davantage ici, car nous pensons en avoir dit assez pour faire comprendre comment tout être individuel participe en quelque sorte d'une double nature, que l'on peut, suivant la terminologie alchimique, dire « sulfureuse » quant à l'intérieur et « mercurielle » quant à l'extérieur ; et c'est cette double nature, pleinement réalisée et parfaitement équilibrée dans l'« homme véritable », qui fait effectivement de celui-ci le « Fils du Ciel et de la Terre », et qui, en même temps, le rend apte à remplir la fonction de « médiateur » entre ces deux pôles de la manifestation.

CHAPITRE XIV
LE MÉDIATEUR

Retour au sommaire

« Il monte de la Terre au Ciel, et redescend du Ciel en Terre ; il reçoit par là la vertu et l'efficacité des choses supérieures et inférieures » : ces paroles de la *Table d'Émeraude* hermétique peuvent s'appliquer très exactement à l'Homme en tant que terme médian de la Grande Triade, c'est-à-dire, d'une façon plus précise, en tant qu'il est proprement le « médiateur » par lequel s'opère effectivement la communication entre le Ciel et la Terre[203]. La « montée de la Terre au Ciel » est d'ailleurs représentée rituellement, dans des traditions très diverses, par l'ascension à un arbre ou à un mât, symbole de l'« Axe du Monde » ; par cette ascension, qui est forcément suivie d'une redescente (et ce double mouvement correspond encore à la « solution » et à la « coagulation »), celui qui réalise véritablement ce qui est impliqué dans le rite s'assimile les influences célestes et les ramène en quelque sorte en ce monde pour les y conjoindre aux influences terrestres, en lui-même d'abord, et ensuite, par participation et comme par « rayonnement », dans le milieu cosmique tout entier[204].

La tradition extrême-orientale, comme beaucoup d'autres d'ailleurs[205], dit que, à l'origine, le Ciel et la Terre n'étaient pas séparés ; et, en effet, ils sont nécessairement unis et « indistingués » en *Tai-ki*, leur principe commun ; mais, pour que la manifestation puisse se produire, il faut que l'Être se polarise effectivement en Essence et Substance, ce qui peut être décrit comme une « séparation » de ces deux termes complémentaires qui sont représentés comme le Ciel et la Terre, puisque c'est entre eux, ou dans leur « intervalle », s'il est permis de s'exprimer ainsi, que doit se situer la manifestation elle-même[206]. Dès lors, leur communication ne pourra s'établir que suivant l'axe qui relie entre eux les centres de tous les états d'existence, en multitude indéfinie, dont l'ensemble hiérarchisé constitue la manifestation universelle, et qui s'étend ainsi d'un pôle à l'autre, c'est-à-dire précisément du Ciel à la Terre, mesurant en quelque sorte leur distance, comme nous l'avons dit précédemment, suivant le sens vertical qui marque la hiérarchie de ces états[207]. Le centre de chaque état peut donc être considéré comme la trace de cet axe vertical sur le plan horizontal qui représente géométriquement cet état ; et ce centre, qui est proprement l'« Invariable Milieu » *(Tchoung-young)*, est par là même le point unique où s'opère, dans cet état, l'union des influences célestes et des influences terrestres, en même temps qu'il est aussi le seul d'où est possible une communication directe avec les autres états d'existence, celle-ci devant nécessairement s'effectuer suivant l'axe lui-même. Or, en ce qui concerne notre état, le centre est le « lieu » normal de l'homme, ce qui revient à dire que l'« homme véritable » est identifié à ce centre même ; c'est donc en lui et par lui seul que s'effectue, pour cet état, l'union du Ciel et de la Terre, et c'est pourquoi tout ce qui est manifesté dans ce même état procède et dépend entièrement de lui, et n'existe en quelque sorte que comme une projection extérieure et partielle de ses propres possibilités. C'est lui aussi dont l'« action de présence » maintient et conserve l'existence de ce monde[208], puisqu'il en est le centre, et que, sans le centre, rien ne saurait avoir une existence effective ; c'est là, au fond, la raison d'être des rites qui, dans toutes les traditions, affirment sous une forme sensible l'intervention de l'homme pour le maintien de l'ordre cosmique, et qui ne sont en somme qu'autant d'expressions plus ou moins particulières de la fonction de « médiation » qui lui appartient essentiellement[209].

Nombreux sont les symboles traditionnels qui représentent l'Homme, comme terme moyen de la Grande Triade, placé entre le Ciel et la Terre et remplissant ainsi son rôle de « médiateur » ; et, tout d'abord, nous ferons remarquer à ce sujet que telle est la signification générale des trigrammes du *Yi-king*, dont les trois traits correspondent respectivement aux trois termes de la Grande Triade : le trait supérieur représente le Ciel, le trait médian l'Homme, et le trait inférieur la Terre ; nous aurons d'ailleurs à y revenir un peu plus loin. Dans les hexagrammes, les deux trigrammes superposés correspondent aussi respectivement tout entiers au Ciel et à la Terre ; ici, le terme médian n'est plus figuré visiblement ; mais c'est l'ensemble même de l'hexagramme qui, en tant qu'unissant les influences célestes et les influences terrestres, exprime proprement la fonction du « médiateur ». À cet égard, un rapprochement s'impose avec une des significations du « sceau de Salomon », qui d'ailleurs est formé également de six traits, bien que disposés d'une façon différente : dans ce cas, le triangle droit est la nature céleste et le triangle inversé la nature terrestre, et l'ensemble symbolise l'« Homme Universel » qui, unissant en lui ces deux natures, est par là même le « médiateur » par excellence[210].

Un autre symbole extrême-oriental assez généralement connu est celui de la tortue, placée entre les deux parties supérieure et inférieure de son écaille comme l'Homme entre le Ciel et la Terre ; et, dans cette représentation, la forme même de ces deux parties n'est pas moins significative que leur situation : la partie supérieure, qui « couvre » l'animal, correspond encore au Ciel par sa forme arrondie, et, de même, la partie inférieure, qui le « supporte », correspond à la Terre par sa forme plate[211]. L'écaille tout entière est donc une image de l'Univers[212], et, entre ses deux parties, la tortue elle-même représente naturellement le terme médian de la Grande Triade, c'est-à-dire l'Homme ; au surplus, sa rétraction à l'intérieur de l'écaille symbolise la concentration dans l'« état primordial », qui est l'état de l'« homme véritable » ; et cette concentration est d'ailleurs la réalisation de la plénitude des possibilités humaines, car, bien que le centre ne soit apparemment qu'un point sans étendue, c'est pourtant ce point qui, principiellement, contient toutes choses en réalité[213], et c'est précisément pourquoi l'« homme véritable » contient en lui-même tout ce qui est manifesté dans l'état d'existence au centre duquel il est identifié.

C'est par un symbolisme similaire à celui de la tortue que, comme nous l'avons déjà indiqué incidemment ailleurs[214], le vêtement des anciens princes, en Chine, devait avoir une forme ronde par le haut (c'est-à-dire au col) et carrée par le bas, ces formes étant celles qui représentent respectivement le Ciel et la Terre ; et nous pouvons noter dès maintenant que ce symbole présente un rapport tout particulier avec celui, sur lequel nous reviendrons un peu plus loin, qui place l'Homme entre l'équerre et le compas, puisque ceux-ci sont les instruments qui servent respectivement à tracer le carré et le cercle. On voit en outre, dans cette disposition du vêtement, que l'homme-type, représenté par le prince, pour unir effectivement le Ciel et la Terre, était figuré comme touchant le Ciel de sa tête, tandis que ses pieds reposaient sur la Terre ; c'est là une considération que nous retrouverons tout à l'heure d'une façon encore plus précise. Ajoutons que, si le vêtement du prince ou du souverain avait ainsi une signification symbolique, il en était de même de toutes les actions de sa vie, qui étaient exactement réglées selon les rites, ce qui faisait de lui, comme nous venons de le dire, la représentation de l'homme-type en toutes circonstances ; d'ailleurs, à l'origine, il devait être effectivement un « homme véritable », et, s'il ne put plus en être toujours de même plus tard, en raison des conditions de dégénérescence spirituelle croissante de l'humanité, il n'en continua pas moins invariablement, dans l'exercice de sa fonction et indépendamment de ce qu'il pouvait être en lui-même, à « incarner » en quelque sorte l'« homme véritable » et à en tenir rituellement la place, et il le devait d'autant plus nécessairement que, comme on le verra mieux encore par la suite, sa fonction était essentiellement celle du « médiateur[215] ».

Un exemple caractéristique de ces actions rituelles est la circumambulation de l'Empereur dans le *Ming-tang* ; comme nous y reviendrons plus loin avec quelques développements, nous nous contenterons, pour le moment, de dire que ce *Ming-tang* était comme une image de l'Univers[216] concentrée en quelque sorte en un lieu qui représentait l'« Invariable Milieu » (et le fait même que l'Empereur résidait en ce lieu faisait de lui la représentation de l'« homme véritable ») ; et il l'était à la fois sous le double rapport de l'espace et du temps, car le symbolisme spatial des points cardinaux y était mis en rapport direct avec le symbolisme temporel des saisons dans le parcours du cycle annuel. Or le toit de cet édifice avait une forme arrondie, tandis que sa base avait une forme carrée ou rectangulaire ; entre ce toit et cette base, qui rappellent les deux parties supérieure et inférieure de l'écaille de la tortue, l'Empereur représentait donc bien l'Homme entre le Ciel et la Terre. Cette disposition constitue d'ailleurs un type architectural qui se retrouve d'une façon très générale, avec la même valeur symbolique, dans un grand nombre de formes traditionnelles différentes ; on peut s'en rendre compte par des exemples tels que celui du *stûpa* bouddhique, celui de la *qubbah* islamique, et bien d'autres encore, ainsi que nous aurons peut-être l'occasion de le montrer plus complètement dans quelque autre étude, car ce sujet est de ceux qui ont une grande importance en ce qui concerne le sens proprement initiatique du symbolisme constructif.

Nous citerons encore un autre symbole équivalent à celui-là sous le rapport que nous envisageons présentement : c'est celui du chef dans son char ; celui-ci, en effet, était construit sur le même « modèle cosmique » que les édifices traditionnels tels que le *Ming-tang*, avec un dais circulaire représentant le Ciel et un plancher carré représentant la Terre. Il faut ajouter que ce dais et ce plancher étaient reliés par un mât, symbole axial[217], dont une petite partie dépassait même le dais[218], comme pour marquer que le « faîte du Ciel » est en réalité au-delà du Ciel lui-même ; et ce mât était considéré comme mesurant symboliquement la hauteur de l'homme-type auquel le chef était assimilé, hauteur donnée par des proportions numériques qui variaient d'ailleurs suivant les conditions cycliques de l'époque. Ainsi, l'homme s'identifiait lui-même à l'« Axe du Monde », afin de pouvoir relier effectivement le Ciel et la Terre ; il faut dire d'ailleurs que cette identification avec l'axe, si elle est regardée comme pleinement effective, appartient plus proprement à l'« homme transcendant », tandis que l'« homme véritable » ne s'identifie effectivement qu'à un point de l'axe, qui est le centre de son état, et virtuellement par là à l'axe lui-même ; mais cette question des rapports de l'« homme transcendant » et de l'« homme véritable » demande encore d'autres développements qui trouveront place dans la suite de cette étude.

CHAPITRE XV
ENTRE L'EQUERRE
ET LE COMPAS

Retour au sommaire

Un point qui donne lieu à un rapprochement particulièrement remarquable entre la tradition extrême-orientale et les traditions initiatiques occidentales, c'est celui qui concerne le symbolisme du compas et de l'équerre : ceux-ci, comme nous l'avons déjà indiqué, correspondent manifestement au cercle et au carré[219], c'est-à-dire aux figures géométriques qui représentent respectivement le Ciel et la Terre[220]. Dans le symbolisme maçonnique, conformément à cette correspondance, le compas est normalement placé en haut et l'équerre en bas[221] ; entre les deux est généralement figurée l'Étoile flamboyante, qui est un symbole de l'Homme[222], et plus précisément de l'« homme régénéré »[223], et qui complète ainsi la représentation de la Grande Triade. De plus, il est dit qu'« un Maître Maçon se retrouve toujours entre l'équerre et le compas », c'est-à-dire au « lieu » même où s'inscrit l'Étoile flamboyante, et qui est proprement l'« Invariable Milieu[224] » ;

le Maître est donc assimilé par là à l'« homme véritable », placé entre la Terre et le Ciel et exerçant la fonction de « médiateur » ; et ceci est d'autant plus exact que, symboliquement et « virtuellement » tout au moins, sinon effectivement, la Maîtrise représente l'achèvement des « petits mystères », dont l'état de l'« homme véritable » est le terme même[225] ; on voit que nous avons là un symbolisme rigoureusement équivalent à celui que nous avons rencontré précédemment, sous plusieurs formes différentes, dans la tradition extrême-orientale.

À propos de ce que nous venons de dire du caractère de la Maîtrise, nous ferons incidemment une remarque : ce caractère, appartenant au dernier grade de la Maçonnerie proprement dite, s'accorde bien avec le fait que, comme nous l'avons indiqué ailleurs[226], les initiations de métier et celles qui en sont dérivées se rapportent proprement aux « petits mystères ». Il faut d'ailleurs ajouter que, dans ce qu'on appelle les « hauts grades », et qui est formé d'éléments de provenances assez diverses, il y a certaines références aux « grands mystères », parmi lesquelles il en est au moins une qui se rattache directement à l'ancienne Maçonnerie opérative, ce qui indique que celle-ci ouvrait tout au moins certaines perspectives sur ce qui est au-delà du terme des « petits mystères » : nous voulons parler de la distinction qui est faite, dans la Maçonnerie anglo-saxonne, entre la *Square Masonry* et l'*Arch Masonry*. En effet, dans le passage « *from square to arch* », ou, comme on disait d'une façon équivalente dans la Maçonnerie française du XVIIIe siècle, « du triangle au cercle[227] », on retrouve l'opposition entre les figures carrées (ou plus généralement rectilignes) et les figures circulaires, en tant qu'elles correspondent respectivement à la Terre et au Ciel ; il ne peut donc s'agir là que d'un passage de l'état humain, représenté par la Terre, aux états suprahumains, représentés par le Ciel (ou les Cieux[228]), c'est-à-dire d'un passage du domaine des « petits mystères » à celui des « grands mystères[229] ».

Pour revenir au rapprochement que nous signalions tout d'abord, nous devons encore dire que, dans la tradition extrême-orientale, le compas et l'équerre ne sont pas seulement supposés implicitement comme servant à tracer le cercle et le carré, mais qu'ils y apparaissent eux-mêmes expressément dans certains cas, et notamment comme attributs de Fo-hi et de Niu-koua, ainsi que nous l'avons déjà signalé en une autre occasion[230] ; mais nous n'avons pas tenu compte alors d'une particularité qui, à première vue, peut sembler une anomalie à cet égard, et qu'il nous reste à expliquer maintenant. En effet, le compas, symbole « céleste », donc *yang* ou masculin, appartient proprement à Fo-hi, et l'équerre, symbole « terrestre », donc *yin* ou féminin, à Niu-koua ; mais, quand ils sont représentés ensemble et unis par leurs queues de serpents (correspondant ainsi exactement aux deux serpents du caducée), c'est au contraire Fo-hi qui porte l'équerre et Niu-koua le compas[231]. Ceci s'explique en réalité par un échange comparable à celui dont il a été question plus haut en ce qui concerne les nombres « célestes » et « terrestres », échange que l'on peut, en pareil cas, qualifier très proprement de « hiérogamique[232] » ; on ne voit pas comment, sans un tel échange, le compas pourrait appartenir à Niu-koua, d'autant plus que les actions qui lui sont attribuées la représentent comme exerçant surtout la fonction d'assurer la stabilité du monde[233], fonction qui se rapporte bien au côté « substantiel » de la manifestation, et que la stabilité est exprimée dans le symbolisme géométrique par la forme cubique[234]. Par contre, en un certain sens, l'équerre appartient bien à Fo-hi en tant que « Seigneur de la

Terre », qu'elle lui sert à mesurer[235], et, sous cet aspect, il correspond, dans le symbolisme maçonnique, au « Vénérable Maître qui gouverne par l'équerre » (*the Worshipful Master who rules by the square* [236]) ; mais, s'il en est ainsi, c'est que, en lui-même et non plus dans sa relation avec Niu-koua, il est *yin-yang* comme étant réintégré dans l'état et la nature de l'« homme primordial ». Sous ce nouveau rapport, l'équerre elle-même prend une autre signification, car, du fait qu'elle est formée de deux branches rectangulaires, on peut alors la regarder comme la réunion de l'horizontale et de la verticale, qui, dans un de leurs sens, correspondent respectivement, ainsi que nous l'avons vu précédemment, à la Terre et au Ciel, aussi bien qu'au *yin* et au *yang* dans toutes leurs applications ; et c'est d'ailleurs ainsi que, dans le symbolisme maçonnique encore, l'équerre du Vénérable est considérée en effet comme l'union ou la synthèse du niveau et de la perpendiculaire[237].

Nous ajouterons une dernière remarque en ce qui concerne la figuration de Fo-hi et de Niu-koua : le premier y est placé à gauche et la seconde à droite[238], ce qui correspond bien à la prééminence que la tradition extrême-orientale attribue le plus habituellement à la gauche sur la droite, et dont nous avons donné l'explication plus haut[239]. En même temps, Fo-hi tient l'équerre de la main gauche, et Niu-koua tient le compas de la main droite ; ici, en raison de la signification respective du compas et de l'équerre eux-mêmes, il faut se souvenir de ces paroles que nous avons déjà rapportées : « La Voie du Ciel préfère la droite, la Voie de la Terre préfère la gauche[240] ». On voit donc très nettement, dans un exemple comme celui-là, que le symbolisme traditionnel est toujours parfaitement cohérent, mais aussi qu'il ne saurait se prêter à aucune « systématisation » plus ou moins étroite, puisqu'il doit répondre à la multitude des points de vue divers sous lesquels les choses peuvent être envisagées, et que c'est par là qu'il ouvre des possibilités de conception réellement illimitées.

CHAPITRE XVI
LE «MING-TANG»

Retour au sommaire

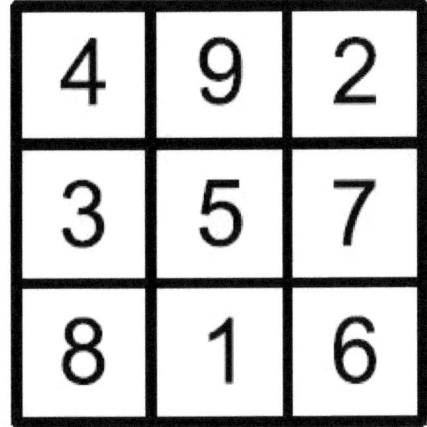

Fig. 16

Vers la fin du troisième millénaire avant l'ère chrétienne, la Chine était divisée en neuf provinces[241], suivant la disposition géométrique figurée ci-contre (fig. 16) : une au centre, huit aux quatre points cardinaux et aux quatre points intermédiaires. Cette division est attribuée à Yu le Grand (*Ta-Yu* [242]), qui, dit-on, parcourut le monde pour « mesurer la

Terre » ; et, cette mesure s'effectuant suivant la forme carrée, on voit ici l'usage de l'équerre attribuée à l'Empereur comme « Seigneur de la Terre[243] ». La division en neuf lui fut inspirée par le diagramme appelé *Lo-chou* ou « Écrit du Lac » qui, suivant la « légende », lui avait été apporté par une tortue[244] et dans lequel les neuf premiers nombres sont disposés de façon à former ce qu'on appelle un « carré magique[245] » ; par là, cette division faisait de l'Empire une image de l'Univers. Dans ce « carré magique[246] », le centre est occupé par le nombre 5, qui est lui-même le « milieu » des neuf premiers nombres[247], et qui est effectivement, comme on l'a vu plus haut, le nombre « central » de la Terre, de même que 6 est le nombre « central » du Ciel[248] ; la province centrale, correspondant à ce nombre, et où résidait l'Empereur, était appelée « Royaume du Milieu » (*Tchoung-kouo* [249]), et c'est de là que cette dénomination aurait été, par la suite, étendue à la Chine tout entière. Il peut d'ailleurs, à vrai dire, y avoir quelque doute sur ce dernier point, car, de même que le « Royaume du Milieu » occupait dans l'Empire une position centrale, l'Empire lui-même, dans son ensemble, pouvait être conçu dès l'origine comme occupant dans le monde une semblable position ; et cela paraît bien résulter du fait même qu'il était constitué de façon à former, comme nous l'avons dit tout à l'heure, une image de l'Univers. En effet, la signification fondamentale de ce fait, c'est que tout est contenu en réalité dans le centre, de sorte qu'on doit y retrouver, d'une certaine façon et en « archétype », si l'on peut s'exprimer ainsi, tout ce qui se trouve dans l'ensemble de l'Univers ; il pouvait donc y avoir ainsi, à une échelle de plus en plus réduite, toute une série d'images semblables[250] disposées concentriquement, et aboutissant finalement au point central même où résidait l'Empereur[251], qui, ainsi que nous l'avons dit précédemment, occupait la place de l'« homme véritable » et en remplissait la fonction comme « médiateur » entre le Ciel et la Terre[252].

Il ne faut d'ailleurs pas s'étonner de cette situation « centrale » attribuée à l'Empire chinois par rapport au monde entier ; en fait, il en fut toujours de même pour toute contrée où était établi le centre spirituel d'une tradition. Ce centre, en effet, était une émanation ou un reflet du centre spirituel suprême, c'est-à-dire du centre de la Tradition primordiale dont toutes les formes traditionnelles régulières sont dérivées par adaptation à des circonstances particulières de temps et de lieux, et, par conséquent, il était constitué à l'image de ce centre suprême auquel il s'identifiait en quelque sorte virtuellement[253]. C'est pourquoi la contrée elle-même qui possédait un tel centre spirituel, quelle qu'elle fût, était par là même une « Terre Sainte », et, comme telle, était désignée symboliquement par des appellations telles que celles de « Centre du Monde » ou de « Cœur du Monde », ce qu'elle était en effet pour ceux qui appartenaient à la tradition dont elle était le siège, et à qui la communication avec le centre spirituel suprême était possible à travers le centre secondaire correspondant à cette tradition[254]. Le lieu où ce centre était établi était destiné à être, suivant le langage de la Kabbale hébraïque, le lieu de manifestation de la *Shekinah* ou « présence divine »[255], c'est-à-dire, en termes extrême-orientaux, le point où se reflète directement l'« Activité du Ciel », et qui est proprement, comme nous l'avons vu, l'« Invariable Milieu », déterminé par la rencontre de l'« Axe du Monde » avec le domaine des possibilités humaines[256] ; et ce qu'il est particulièrement important de noter à cet égard, c'est que la *Shekinah* était toujours représentée comme « Lumière », de même que l'« Axe du Monde » était, ainsi que nous l'avons déjà indiqué, assimilé symboliquement à un « rayon lumineux ».

Nous avons dit tout à l'heure que, comme l'Empire chinois représentait dans son ensemble, par la façon dont il était constitué et divisé, une image de l'Univers, une image semblable devait se trouver dans le lieu central qui était la résidence de l'Empereur, et il en était effectivement ainsi : c'était le *Ming-tang*, que certains sinologues, ne voyant que son caractère le plus extérieur, ont appelé la « Maison du Calendrier », mais dont la désignation, en réalité, signifie littéralement « Temple de la Lumière », ce qui se rattache immédiatement à la remarque que nous venons de faire en dernier lieu[257]. Le caractère *ming* est composé des deux caractères qui représentent le Soleil et la Lune ; il exprime ainsi la lumière dans sa manifestation totale, sous ses deux modalités directe et réfléchie tout à la fois, car, bien que la lumière en elle-même soit essentiellement *yang*, elle doit, pour se manifester, revêtir, comme toutes choses, deux aspects complémentaires qui sont *yang* et *yin* l'un par rapport à l'autre, et qui correspondent respectivement au Soleil et à la Lune[258], puisque, dans le domaine de la manifestation, le *yang* n'est jamais sans le *yin* ni le *yin* sans le *yang* [259].

Le plan du *Ming-tang* était conforme à celui que nous avons donné plus haut pour la division de l'Empire (fig. 16), c'est-à-dire qu'il comprenait neuf salles disposées exactement comme les neuf provinces ; seulement, le *Ming-tang* et ses salles, au lieu d'être des carrés parfaits, furent des rectangles plus ou moins allongés, le rapport des côtés de ces rectangles variant suivant les différentes dynasties, comme la mesure de la hauteur du mât du char dont nous avons parlé précédemment, en raison de la différence des périodes cycliques avec lesquelles ces dynasties étaient mises en correspondance ; nous n'entrerons pas ici dans les détails à ce sujet, car le principe seul nous importe présentement[260]. Le *Ming-tang* avait douze ouvertures sur l'extérieur, trois sur chacun de ses quatre côtés, de sorte que, tandis que les salles du milieu des côtés n'avaient qu'une seule ouverture, les salles d'angle en avaient deux chacune ; et ces douze ouvertures correspondaient aux douze mois de l'année : celles de la façade orientale aux trois mois de printemps, celles de la façade méridionale aux trois mois d'été, celles de la façade occidentale aux trois mois d'automne, et celles de la façade septentrionale aux trois mois d'hiver. Ces douze ouvertures formaient donc un Zodiaque[261] ; elles correspondaient ainsi exactement aux douze portes de la « Jérusalem céleste » telle qu'elle est décrite dans l'Apocalypse[262] et qui est aussi à la fois le « Centre du Monde » et une image de l'Univers sous le double rapport spatial et temporel[263].

L'Empereur accomplissait dans le *Ming-tang*, au cours du cycle annuel, une circumambulation dans le sens « solaire » (voir fig. 14), se plaçant successivement à douze stations correspondant aux douze ouvertures, et où il promulguait les ordonnances (*yue-ling*) convenant aux douze mois ; il s'identifiait ainsi successivement aux « douze soleils », qui sont les douze *âdityas* de la tradition hindoue, et aussi les « douze fruits de l'Arbre de Vie » dans le symbolisme apocalyptique[264]. Cette circumambulation s'effectuait toujours avec retour au centre, marquant le milieu de l'année[265], de même que, lorsqu'il visitait l'Empire, il parcourait les provinces dans un ordre correspondant et revenait ensuite à sa résidence centrale, et de même aussi que, suivant le symbolisme extrême-oriental, le Soleil, après le parcours d'une période cyclique (qu'il s'agisse d'un jour, d'un mois ou d'une année), revient se reposer sur son arbre, qui, comme l'« Arbre de Vie » placé au centre du « Paradis terrestre » et de la « Jérusalem céleste », est une figuration de l'« Axe du Monde ». On doit voir assez clairement que, en tout cela, l'Empereur apparaissait proprement comme le « régulateur » de l'ordre cosmique même, ce qui suppose d'ailleurs l'union, en lui ou par son moyen, des influences célestes et des influences terrestres, qui, ainsi que nous l'avons déjà indiqué plus haut, correspondent aussi respectivement, d'une certaine façon, aux déterminations temporelles et spatiales que la constitution du *Ming-tang* mettait en rapport direct les unes avec les autres.

CHAPITRE XVII
LE WANG OU ROI-PONTIFE

Retour au sommaire

Fig. 17

Il nous reste encore d'autres considérations à développer pour achever de faire comprendre ce qu'est dans la tradition extrême-orientale la fonction royale, ou du moins ce qu'on a l'habitude de traduire ainsi, mais d'une façon qui est notoirement insuffisante, car, si le *Wang* est bien effectivement le Roi, au sens propre de ce mot, il est autre chose aussi en même temps. Cela résulte d'ailleurs du symbolisme même du caractère *wang* (fig. 17), qui est composé de trois traits horizontaux figurant respectivement, comme ceux des trigrammes dont nous avons parlé plus haut, le Ciel, l'Homme et la Terre, et unis en outre, en leur milieu, par un trait vertical, car, disent les étymologistes, « la fonction du Roi est d'unir », par quoi il faut entendre avant tout, en raison de la position même du trait vertical, unir le Ciel et la Terre. Ce que ce caractère désigne proprement, c'est donc l'Homme en tant que terme médian de la Grande

Triade, et envisagé spécialement dans son rôle de « médiateur » ; nous ajouterons, pour plus de précision encore, que l'Homme ne doit pas être considéré ici seulement comme l'« homme primordial », mais bien comme l'« Homme Universel » lui-même, car le trait vertical n'est autre que l'axe qui unit effectivement entre eux tous les états d'existence, tandis que le centre où se situe l'« homme primordial », et qui est marqué dans le caractère par le point de rencontre du trait vertical avec le trait médian horizontal, au milieu de celui-ci, ne se rapporte qu'à un seul état, qui est l'état individuel humain[266] ; au surplus, la partie du caractère qui se réfère proprement à l'Homme, comprenant le trait vertical et le trait médian horizontal (puisque les deux traits supérieur et inférieur représentent le Ciel et la Terre), forme la croix, c'est-à-dire le symbole même de l'« Homme Universel[267] ». D'autre part, cette identification du *Wang* à l'« Homme Universel » se trouve encore confirmée par des textes tels que ce passage de Lao-tseu : « La Voie est grande ; le Ciel est grand ; la Terre est grande ; le Roi aussi est grand. Au milieu, il y a donc quatre grandes choses, mais le Roi est seul visible[268] ».

Si donc le *Wang* est essentiellement l'« Homme Universel », celui qui le représente et qui en remplit la fonction devrait, en principe tout au moins, être un « homme transcendant », c'est-à-dire avoir réalisé le but final des « grands mystères » ; et c'est comme tel qu'il peut, ainsi que nous l'avons déjà indiqué plus haut, s'identifier effectivement à la « Voie Centrale » ou « Voie du Milieu » (*Tchoung-Tao*), c'est-à-dire à l'axe même, que cet axe soit représenté par le mât du char, par le pilier central du *Ming-tang* ou par tout autre symbole équivalent. Ayant développé toutes ses possibilités aussi bien dans le sens vertical que dans le sens horizontal, il est par là même le « Seigneur des trois mondes[269] », qui peuvent aussi être représentés par les trois traits horizontaux du caractère *wang* [270] ; et il est encore, par rapport au monde humain en particulier, l'« Homme Unique » qui synthétise en lui et exprime intégralement l'Humanité (envisagée à la fois comme nature spécifique, au point de vue cosmique, et comme collectivité des hommes, au point de vue social), de même que l'Humanité, à son tour, synthétise en elle les « dix mille êtres », c'est-à-dire la totalité des êtres de ce monde[271]. C'est pourquoi il est, comme nous l'avons vu, le « régulateur » de l'ordre cosmique aussi bien que de l'ordre social[272] ; et, quand il remplit la fonction de « médiateur », ce sont en réalité tous les hommes qui la remplissent en sa personne : aussi, en Chine, le *Wang* ou l'Empereur seul pouvait-il accomplir les rites publics correspondant à cette fonction, et notamment offrir le sacrifice au Ciel qui est le type même de ces rites, car c'est là que le rôle du « médiateur » s'affirme de la façon la plus manifeste[273].

En tant que le *Wang* s'identifie à l'axe vertical, celui-ci est désigné comme la « Voie Royale » (*Wang-Tao*) ; mais, d'autre part, ce même axe est aussi la « Voie du Ciel » (*Tien-Tao*), comme on le voit par la figure dans laquelle la verticale et l'horizontale représentent respectivement le Ciel et la Terre (fig. 7), de sorte que, en définitive, la « Voie Royale » est identique à la « Voie du Ciel[274] ». D'ailleurs, le *Wang* n'est réellement tel que s'il possède le « mandat du Ciel » (*Tien-ming* [275]), en vertu duquel il est reconnu légitimement comme son Fils (*Tien-tseu*)[276] ; et ce mandat ne peut être reçu que suivant l'axe envisagé dans le sens descendant, c'est-à-dire en sens inverse et réciproque de celui dans lequel s'exercera la fonction « médiatrice », puisque c'est là la direction unique et invariable suivant laquelle s'exerce l'« Activité du Ciel ». Or ceci suppose, sinon nécessairement la qualité d'« homme transcendant », tout au moins celle d'« homme véritable », résidant effectivement dans l'« Invariable Milieu », car c'est en ce point central seul que l'axe rencontre le domaine de l'état humain[277].

Cet axe est encore, suivant un symbolisme commun à la plupart des traditions, le « pont » qui relie, soit la Terre au Ciel comme ici, soit l'état humain aux états supra-individuels, ou encore le monde sensible au monde supra-sensible ; en tout cela, en effet, c'est bien toujours de l'« Axe du Monde » qu'il s'agit, mais envisagé dans sa totalité ou seulement dans quelqu'une de ses portions, plus ou moins étendue, suivant le degré de plus ou moins grande universalité auquel ce symbolisme est pris dans les différents cas ; on voit d'ailleurs par là que ce « pont » doit être conçu comme essentiellement vertical[278], et c'est là un point important sur lequel nous reviendrons peut-être dans quelque autre étude. Sous cet aspect, le *Wang* apparaît proprement comme le *Pontifex*, au sens rigoureusement étymologique de ce mot[279] ; plus précisément encore, du fait de son identification avec l'axe, il est à la fois « celui qui fait le pont » et le « pont » lui-même ; et d'ailleurs on pourrait dire que ce « pont », par lequel s'opère la communication avec les états supérieurs, et à travers eux avec le Principe même, ne peut être vraiment établi que par celui qui s'y identifie lui-même d'une façon effective. C'est pourquoi nous pensons que l'expression de « Roi-Pontife » est la seule qui puisse rendre convenablement le terme *Wang*, parce qu'elle est la seule qui exprime complètement la fonction qu'il implique ; et l'on voit ainsi que cette fonction présente un double aspect, car elle est à la fois, en réalité, une fonction sacerdotale et une fonction royale[280].

Ceci se comprend d'ailleurs facilement, car, si le *Wang* est, non pas même un « homme transcendant » comme il doit l'être en principe, mais seulement un « homme véritable », parvenu au terme des « petits mystères », il est, par la situation « centrale » qu'il occupe dès lors effectivement, au-delà de la distinction des deux pouvoirs spirituel et temporel ; on pourrait même dire, en termes de symbolisme « cyclique », qu'il est « antérieur » à cette distinction, puisqu'il est réintégré dans l'« état primordial », où aucune fonction spéciale n'est encore différenciée mais qui contient en lui les possibilités correspondant à toutes les fonctions par là même qu'il est la plénitude intégrale de l'état humain[281]. Dans tous les cas, et même lorsqu'il n'est plus que symboliquement l'« Homme Unique », ce qu'il représente, en vertu du « mandat du Ciel[282] », c'est la source même ou le principe commun de ces deux pouvoirs, principe dont l'autorité spirituelle et la fonction sacerdotale dérivent directement, et le pouvoir temporel et la fonction royale indirectement et par leur intermédiaire ; ce principe peut en effet être dit proprement « céleste », et de là, par le sacerdoce et la royauté, les influences spirituelles descendent graduellement, suivant l'axe, d'abord au « monde intermédiaire », puis au monde terrestre lui-même[283].

Ainsi, lorsque le *Wang*, ayant reçu le « mandat du Ciel » directement ou indirectement, s'identifie à l'axe envisagé dans le sens ascendant, soit, dans le premier cas, effectivement et par lui-même (et nous rappellerons ici les rites qui représentent cette ascension et que nous avons mentionnés précédemment), soit, dans le second cas, virtuellement et par l'accomplissement de sa fonction seulement (et il est évident que, notamment, un rite tel que celui du sacrifice au Ciel agit dans une direction « ascensionnelle »), il devient pour ainsi dire le « canal » par lequel les influences descendent du Ciel vers la Terre[284]. On voit ici, dans l'action de ces influences spirituelles, un double mouvement alternatif, ascendant et descendant tour à tour, auquel correspond, dans l'ordre inférieur des influences psychiques ou subtiles, le double courant de la force cosmique dont il a été question plus haut ; mais il faut avoir bien soin de remarquer que, en ce qui concerne les influences spirituelles, ce mouvement s'effectue suivant l'axe même ou la « Voie du Milieu », car, comme le dit le *Yi-king*, « la Voie du Ciel est *yin* avec *yang* », les deux aspects complémentaires étant alors indissolublement unis dans cette même direction « centrale », tandis que, dans le domaine psychique qui est plus éloigné de l'ordre principiel, la différenciation du *yang* et du *yin* détermine la production de deux courants distincts, représentés par les divers symboles dont nous avons déjà parlé, et qui peuvent être décrits comme occupant respectivement la « droite » et la « gauche » par rapport à la « Voie du Milieu[285] ».

CHAPITRE XVIII
L'HOMME VÉRITABLE ET L'HOMME TRANSCENDANT

Retour au sommaire

Dans ce qui précède, nous avons parlé constamment de l'« homme véritable » et de l'« homme transcendant », mais il nous faut encore apporter à cet égard quelques précisions complémentaires ; et, tout d'abord, nous ferons remarquer que l'« homme véritable » (*tchenn-jen*) a été lui-même appelé par certains « homme transcendant », mais que cette désignation est plutôt impropre, puisqu'il est seulement celui qui a atteint la plénitude de l'état humain, et que ne peut être dit véritablement « transcendant » que ce qui est au-delà de cet état. C'est pourquoi il convient de réserver cette dénomination d'« homme transcendant » à celui qu'on a appelé parfois « homme divin » ou « homme spirituel » (*cheun-jen*), c'est-à-dire à celui qui, étant parvenu à la réalisation totale et à l'« Identité Suprême », n'est plus à proprement parler un homme, au sens individuel de ce mot, puisqu'il a dépassé l'humanité et est entièrement affranchi de ses conditions spécifiques[286], aussi bien que de toutes les autres conditions limitatives de quelque état d'existence que ce soit[287]. Celui-là est donc devenu effectivement l'« Homme Universel », tandis qu'il n'en est pas ainsi pour l'« homme véritable », qui est seulement identifié en fait à l'« homme primordial » ; cependant, on peut dire que celui-ci est déjà tout au moins virtuellement l'« Homme Universel », en ce sens que, dès lors qu'il n'a plus à parcourir d'autres états en mode distinctif, puisqu'il est passé de la circonférence au centre[288], l'état humain devra nécessairement être pour lui l'état central de l'être total, bien qu'il ne le soit pas encore d'une façon effective[289].

L'« homme transcendant » et l'« homme véritable », correspondant respectivement au terme des « grands mystères » et à celui des « petits mystères », sont les deux plus hauts degrés de la hiérarchie taoïste ; celle-ci comprend en outre trois autres degrés inférieurs à ceux-là[290], qui représentent naturellement des étapes contenues dans le cours des « petits mystères[291] », et qui sont, dans l'ordre descendant, l'« homme de la Voie », c'est-à-dire celui qui est dans la Voie (*Tao-jen*), l'« homme doué » (*tcheu-jen*), et enfin l'« homme sage » (*cheng-jen*), mais d'une « sagesse » qui, tout en étant quelque chose de plus que la « science », n'est pourtant encore que d'ordre extérieur. En effet, ce degré le plus bas de la hiérarchie taoïste coïncide avec le degré le plus élevé de la hiérarchie confucianiste, établissant ainsi la continuité entre elles, ce qui est conforme aux rapports normaux du Taoïsme et du Confucianisme en tant qu'ils constituent respectivement le côté ésotérique et le côté exotérique d'une même tradition : le premier a ainsi son point de départ là même où s'arrête le second. La hiérarchie confucianiste, de son côté, comprend trois degrés, qui sont, dans l'ordre ascendant, le « lettré » (*cheu*)[292], le « savant » (*hien*) et le « sage » (*cheng*) ; et il est dit : « Le *cheu* regarde (c'est-à-dire prend pour modèle) le *hien*, le *hien* regarde le *cheng*, le *cheng* regarde le Ciel », car, du point-limite entre les deux domaines exotérique et ésotérique où ce dernier se trouve placé, tout ce qui est au-dessus de lui se confond en quelque sorte, dans sa « perspective », avec le Ciel lui-même.

Ce dernier point est particulièrement important pour nous, parce qu'il nous permet de comprendre comment il paraît se produire parfois une certaine confusion entre le rôle de l'« homme transcendant » et celui de l'« homme véritable » : ce n'est pas seulement, en effet, parce que, comme nous le disions tout à l'heure, ce dernier est virtuellement ce que le premier est effectivement ni parce qu'il y a, entre les « petits mystères » et les « grands mystères », une certaine correspondance que représente, dans le symbolisme hermétique, l'analogie des opérations qui aboutissent respectivement à l'« œuvre au blanc » et à l'« œuvre au rouge » ; il y a encore là quelque chose de plus. C'est que le seul point de l'axe qui se situe dans le domaine de l'état humain est le centre de cet état, de telle sorte que, pour qui n'est pas parvenu à ce centre, l'axe lui-même n'est pas perceptible directement, mais seulement par ce point qui est sa « trace » sur le plan représentatif de ce domaine ; cela revient, en d'autres termes, à ce que nous avons déjà dit, qu'une communication directe avec les états supérieurs de l'être, s'effectuant suivant l'axe, n'est possible que du centre même ; pour le reste du domaine humain, il ne peut y avoir qu'une communication indirecte, par une sorte de réfraction à partir de ce centre. Ainsi, d'une part, l'être qui est établi au centre, sans s'être identifié à l'axe, peut jouer réellement, par rapport à l'état humain, le rôle de « médiateur » que l'« Homme Universel » joue pour la totalité des états ; et, d'autre part, celui qui a dépassé l'état humain, en s'élevant par l'axe aux états supérieurs, est par là même « perdu de vue », si l'on peut s'exprimer ainsi, pour tous ceux qui sont dans cet état et ne sont pas encore parvenus à son centre, y compris ceux qui possèdent des degrés initiatiques effectifs, mais inférieurs à celui de l'« homme véritable ». Ceux-là n'ont dès lors aucun moyen de distinguer l'« homme transcendant » de l'« homme véritable », car, de l'état humain, l'« homme transcendant » ne peut être aperçu que par sa « trace[293] », et cette « trace » est identique à la figure de l'« homme véritable » ; de ce point de vue, l'un est donc réellement indiscernable de l'autre.

Ainsi, aux yeux des hommes ordinaires, et même des initiés qui n'ont pas achevé le cours des « petits mystères », non seulement l'« homme transcendant », mais aussi l'« homme véritable », apparaît comme le « mandataire » ou le représentant du Ciel, qui se manifeste à eux à travers lui en quelque sorte, car son action, ou plutôt son influence, par là même qu'elle est « centrale » (et ici l'axe ne se distingue pas du centre qui en est la « trace »), imite l'« Activité du Ciel », ainsi que nous l'avons déjà expliqué précédemment, et l'« incarne » pour ainsi dire à l'égard du monde humain. Cette influence, étant « non-agissante », n'implique aucune action extérieure : du centre, l'« Homme Unique », exerçant la fonction du « moteur immobile », commande toutes choses sans intervenir en aucune, comme l'Empereur, sans sortir du *Ming-tang*, ordonne toutes les régions de l'Empire et règle le cours du cycle annuel, car « se concentrer dans le non-agir, c'est là la Voie du Ciel[294] ». « Les anciens souverains, s'abstenant de toute action propre, laissaient le Ciel gouverner par eux... Au faîte de l'Univers, le Principe influence le Ciel et la Terre, lesquels transmettent à tous les êtres cette influence, qui, devenue dans le monde des hommes bon gouvernement, fait éclore les talents et les capacités. En sens inverse, toute prospérité vient du bon gouvernement, dont l'efficace dérive du Principe, par l'intermédiaire du Ciel et de la Terre. C'est pourquoi, les anciens souverains ne désirant rien, le monde était dans l'abondance[295] ; ils n'agissaient pas, et toutes choses se modifiaient suivant la norme[296] ; ils restaient abîmés dans leur méditation, et le peuple se tenait dans l'ordre le plus parfait. C'est ce que l'adage antique résume ainsi : pour celui qui s'unit à l'Unité, tout prospère ; à celui qui n'a aucun intérêt propre, même les génies sont soumis[297]. »

On doit donc comprendre que, du point de vue humain, il n'y a aucune distinction apparente entre l'« homme transcendant » et l'« homme véritable » (bien qu'en réalité il n'y ait aucune commune mesure entre eux, non plus qu'entre l'axe et un de ses points), puisque ce qui les différencie est précisément ce qui est au-delà de l'état humain, de sorte que, s'il se manifeste dans cet état (ou plutôt par rapport à cet état, car il est évident que cette manifestation n'implique aucunement un « retour » aux conditions limitatives de l'individualité humaine), l'« homme transcendant » ne peut y apparaître autrement que comme un « homme véritable[298] ». Il n'en est pas moins vrai, assurément, que, entre l'état total et inconditionné qui est celui de l'« homme transcendant », identique à l'« Homme Universel », et un état conditionné quelconque, individuel ou supra-individuel, si élevé qu'il puisse être, aucune comparaison n'est possible lorsqu'on les envisage tels qu'ils sont vraiment en eux-mêmes ; mais nous parlons seulement ici de ce que sont les apparences au point de vue de l'état humain. Du reste, d'une façon plus générale et à tous les niveaux des hiérarchies spirituelles, qui ne sont pas autre chose que les hiérarchies initiatiques effectives, c'est seulement à travers le degré qui lui est immédiatement supérieur que chaque degré peut percevoir tout ce qui est au-dessus de lui indistinctement et en recevoir les influences ; et, naturellement, ceux qui ont atteint un certain degré peuvent toujours, s'ils le veulent et s'il y a lieu, se « situer » à n'importe quel degré inférieur à celui-là, sans être aucunement affectés par cette « descente » apparente, puisqu'ils possèdent *a fortiori* et comme « par surcroît » tous les états correspondants, qui en somme ne représentent plus pour eux qu'autant de « fonctions » accidentelles et contingentes[299]. C'est ainsi que l'« homme transcendant » peut remplir, dans le monde humain, la fonction qui est proprement celle de l'« homme véritable », tandis que, d'autre part et inversement, l'« homme véritable » est en quelque sorte, pour ce même monde, comme le représentant ou le « substitut » de l'« homme transcendant ».

CHAPITRE XIX
« DEUS », « HOMO », « NATURA »

Retour au sommaire

Nous comparerons encore à la Grande Triade extrême-orientale un autre ternaire, qui appartient originairement aux conceptions traditionnelles occidentales, telles qu'elles existaient au moyen âge, et qui est d'ailleurs connu même dans l'ordre exotérique et simplement « philosophique » : ce ternaire est celui qui s'énonce habituellement par la formule *Deus, Homo, Natura*. On voit généralement dans ses trois termes les objets auxquels peuvent être rapportées les différentes connaissances que, dans le langage de la tradition hindoue, on appellerait « non-suprêmes », c'est-à-dire en somme tout ce qui n'est pas la connaissance métaphysique pure et transcendante. Ici, le terme moyen, c'est-à-dire l'Homme, est manifestement le même que dans la Grande Triade ; mais il nous faut voir de quelle façon et dans quelle mesure les deux autres termes, désignés comme « Dieu » et la « Nature », correspondent respectivement au Ciel et à la Terre.

Il faut bien remarquer, tout d'abord, que Dieu, dans ce cas, ne peut être envisagé comme le Principe tel qu'il est en soi, car celui-ci, étant au-delà de toute distinction, ne peut entrer en corrélation avec quoi que ce soit, et la façon dont le ternaire se présente implique une certaine corrélation, et même une sorte de complémentarisme, entre Dieu et la Nature ; il s'agit donc nécessairement d'un point de vue que l'on peut dire plutôt « immanent » que « transcendant » par rapport au Cosmos, dont ces deux termes sont comme les deux pôles, qui, même s'ils sont en dehors de la manifestation, ne peuvent cependant être considérés distinctement que du point de vue de celle-ci. D'ailleurs, dans cet ensemble de connaissances qu'on désignait par le terme général de « philosophie », suivant l'acception ancienne de ce mot, Dieu était seulement l'objet de ce qu'on appelait « théologie rationnelle », pour la distinguer de la « théologie révélée », qui, à la vérité, est bien encore « non-suprême », mais qui du moins représente la connaissance du Principe dans l'ordre exotérique et spécifiquement religieux, c'est-à-dire dans la mesure où elle est possible en tenant compte à la fois des limites inhérentes au domaine correspondant et des formes spéciales d'expression dont la vérité doit se revêtir pour s'adapter à ce point de vue particulier. Or ce qui est « rationnel », c'est-à-dire ce qui ne relève que de l'exercice des facultés individuelles humaines, ne saurait évidemment atteindre en aucune façon le Principe même, et ne peut, dans les conditions les plus favorables[300], saisir que son rapport avec le Cosmos[301]. Dès lors, il est facile de voir que, sous la réserve de la différence des points de vue dont il y a toujours lieu de tenir compte en pareil cas, ceci coïncide précisément avec ce qui est désigné comme le Ciel par la tradition extrême-orientale, puisque, de l'Univers manifesté, le Principe, selon celle-ci, ne peut être atteint d'une certaine façon que par et à travers le Ciel[302], car « le Ciel est l'instrument du Principe[303] ».

D'autre part, si l'on entend la Nature dans son sens premier, c'est-à-dire comme la Nature primordiale et indifférenciée qui est la racine de toutes choses (la *Mûla-Prakriti* de la tradition hindoue), il va de soi qu'elle s'identifie à la Terre de la tradition extrême-orientale ; mais ce qui apporte ici une complication, c'est que, quand on parle de la Nature comme objet de connaissance, on la prend d'ordinaire en un sens moins strict et plus étendu que celui-là, et on y rapporte l'étude de tout ce qu'on peut appeler la nature manifestée, c'est-à-dire de tout ce qui constitue l'ensemble même du milieu cosmique tout entier[304]. On pourrait justifier cette extension, jusqu'à un certain point, en disant que cette nature est envisagée alors sous l'aspect « substantiel » plutôt que sous l'aspect « essentiel », ou que, comme dans le *Sânkhya* hindou, les choses y sont regardées proprement comme les productions de *Prakriti*, en réservant pour ainsi dire l'influence de *Purusha*, sans laquelle, cependant, aucune production ne pourrait être réalisée effectivement, car, à partir de la seule puissance pure, rien ne saurait évidemment passer de la puissance à l'acte ; peut-être y a-t-il en effet, dans cette façon d'envisager les choses, un caractère inhérent au point de vue même de la « physique » ou « philosophie naturelle[305] ». Pourtant, une justification plus complète peut être tirée de la remarque que l'ensemble du milieu cosmique est regardé comme formant, par rapport à l'homme, le « monde extérieur » ; en effet, il ne s'agit alors que d'un simple changement de niveau, si l'on peut dire, répondant plus proprement au point de vue humain, car, d'une façon relative tout au moins, tout ce qui est « extérieur » peut être dit « terrestre », de même que tout ce qui est « intérieur » peut être dit « céleste ». Nous pouvons encore nous souvenir ici de ce que nous avons exposé au sujet du Soufre, du Mercure et du Sel : ce qui est « divin », étant nécessairement « intérieur » à toutes choses[306], agit, par rapport à l'homme, à la façon d'un principe « sulfureux »[307], tandis que ce qui est « naturel », constituant l'« ambiance », joue par là même le rôle d'un principe « mercuriel », comme nous l'avons expliqué en parlant des rapports de l'être avec le milieu ; et l'homme, produit du « divin » et de la « nature » tout à la fois, se trouve situé ainsi, comme le Sel, à la limite commune de cet « intérieur » et de cet « extérieur », c'est-à-dire, en d'autres termes, au point où se rencontrent et s'équilibrent les influences célestes et les influences terrestres[308].

Dieu et la Nature, envisagés ainsi comme corrélatifs ou comme complémentaires (et, bien entendu, il ne faut pas perdre de vue ce que nous avons dit tout d'abord sur la façon limitée dont le terme « Dieu » doit être entendu ici, afin d'éviter, d'une part, tout « panthéisme », et, d'autre part, toute « association » au sens du mot arabe *shirk* [309]), apparaissent respectivement comme le principe actif et le principe passif de la manifestation, ou comme l'« acte » et la « puissance » au sens aristotélicien de ces deux termes : acte pur et puissance pure par rapport à la totalité de la manifestation universelle[310], acte relatif et puissance relative à tout autre niveau plus déterminé et plus restreint que celui-là, c'est-à-dire toujours, en somme, « essence » et « substance » dans les différentes acceptions que nous avons expliquées en maintes occasions. Pour marquer ce caractère respectivement actif et passif, on emploie aussi, d'une façon équivalente, les expressions de *Natura naturans* et *Natura naturata* [311], dans lesquelles le terme *Natura*, au lieu de ne s'appliquer qu'au principe passif comme précédemment, désigne à la fois et symétriquement les deux principes immédiats du « devenir[312] ». Ici encore, nous rejoignons la tradition extrême-orientale, suivant laquelle c'est par le *yang* et le *yin*, donc par le Ciel et la Terre, que tous les êtres sont modifiés, et, dans le monde manifesté, « la révolution des deux principes *yin* et *yang* (correspondant aux actions et réactions réciproques des influences célestes et terrestres) gouverne toutes choses[313] ». « Les deux modalités de l'être (*yin-yang*) s'étant différenciées dans l'Être primordial (*Tai-ki*), leur révolution commença, et la modification cosmique s'ensuivit. L'apogée du *yin* (condensé dans la Terre), c'est la passivité tranquille ; l'apogée du *yang* (condensé dans le Ciel), c'est l'activité féconde. La passivité de la Terre s'offrant au Ciel, l'activité du Ciel s'exerçant sur la Terre, des deux naquirent tous les êtres. Force invisible, l'action et la réaction du binôme Ciel-Terre produit toute modification. Commencement et cessation, plénitude et vide[314], révolutions astronomiques (cycles temporels), phases du Soleil (saisons) et de la Lune, tout cela est produit par cette cause unique, que personne ne voit, mais qui fonctionne toujours. La vie se développe vers un but, la mort est un retour vers un terme. Les genèses et les dissolutions (condensations et dissipations) se succèdent sans cesse, sans qu'on en sache l'origine, sans qu'on en voie le terme (origine et terme étant l'un et l'autre cachés dans le Principe). L'action et la réaction du Ciel et de la Terre sont l'unique moteur de ce mouvement[315] », qui, à travers la série indéfinie des modifications, conduit les êtres à la « transformation » finale[316] qui les ramène au Principe un dont ils sont issus.

CHAPITRE XX
DÉFORMATIONS PHILOSOPHIQUES MODERNES

Retour au sommaire

Au début de la philosophie moderne, Bacon regarde encore les trois termes *Deus, Homo, Natura* comme constituant trois objets de connaissance distincts, auxquels il fait correspondre respectivement les trois grandes divisions de la « philosophie » ; seulement, il attribue une importance prépondérante à la « philosophie naturelle » ou science de la Nature, conformément à la tendance « expérimentaliste » de la mentalité moderne, qu'il représente à cette époque, comme Descartes, de son côté, en représente surtout la tendance « rationaliste »[317] ». Ce n'est encore, en quelque sorte, qu'une simple question de « proportions[318] » ; il était réservé au XIXe siècle de voir paraître, en ce qui concerne ce même ternaire, une déformation assez extraordinaire et inattendue : nous voulons parler de la prétendue « loi des trois états » d'Auguste Comte ; mais, comme le rapport de celle-ci avec ce dont il s'agit peut ne pas sembler évident au premier abord, quelques explications à ce sujet ne seront peut-être pas inutiles, car il y a là un exemple assez curieux de la façon dont l'esprit moderne peut dénaturer une donnée d'origine traditionnelle, lorsqu'il s'avise de s'en emparer au lieu de la rejeter purement et simplement.

L'erreur fondamentale de Comte, à cet égard, est de s'imaginer que, quel que soit le genre de spéculation auquel l'homme s'est livré, il ne s'est jamais proposé rien d'autre que l'explication des phénomènes naturels ; partant de ce point de vue étroit, il est forcément amené à supposer que toute connaissance, de quelque ordre qu'elle soit, représente simplement une tentative plus ou moins imparfaite d'explication de ces phénomènes. Joignant alors à cette idée préconçue une vue tout à fait fantaisiste de l'histoire, il croit découvrir, dans des connaissances différentes qui ont toujours coexisté en réalité, trois types d'explication qu'il considère comme successifs, parce que, les rapportant à tort à un même objet, il les trouve naturellement incompatibles entre eux ; il les fait donc correspondre à trois phases qu'aurait traversées l'esprit humain au cours des siècles, et qu'il appelle respectivement « état théologique », « état métaphysique » et « état positif ». Dans la première phase, les phénomènes seraient attribués à l'intervention d'agents surnaturels ; dans la seconde, ils seraient rapportés à des forces naturelles, inhérentes aux choses et non plus transcendantes par rapport à elles ; enfin, la troisième serait caractérisée par la renonciation à la recherche des « causes », qui serait alors remplacée par celle des « lois », c'est-à-dire de rapports constants entre les phénomènes. Ce dernier « état », que Comte regarde d'ailleurs comme le seul définitivement valable, représente assez exactement la conception relative et bornée qui est en effet celle des sciences modernes ; mais tout ce qui concerne les deux autres « états » n'est véritablement qu'un amas de confusions ; nous ne l'examinerons pas en détail, ce qui serait de fort peu d'intérêt, et nous nous contenterons d'en dégager les points qui sont en rapport direct avec la question que nous envisageons présentement.

Comte prétend que, dans chaque phase, les éléments d'explication auxquels il est fait appel se seraient coordonnés graduellement, de façon à aboutir en dernier lieu à la conception d'un principe unique les comprenant tous : ainsi, dans l'« état théologique », les divers agents surnaturels, d'abord conçus comme indépendants les uns des autres, auraient été ensuite hiérarchisés, pour se synthétiser finalement dans l'idée de Dieu[319]. De même, dans le soi-disant « état métaphysique », les notions des différentes forces naturelles auraient tendu de plus en plus à se fondre dans celle d'une « entité » unique, désignée comme la « Nature[320] » ; on voit d'ailleurs par là que Comte ignorait totalement ce qu'est la métaphysique, car, dès lors qu'il est question de « Nature » et de forces naturelles, c'est évidemment de « physique » qu'il s'agit et non point de « métaphysique » ; il lui aurait suffi de se reporter à l'étymologie des mots pour éviter une si grossière méprise. Quoi qu'il en soit, nous voyons ici Dieu et la Nature, considérés non plus comme deux objets de connaissance, mais seulement comme deux notions auxquelles conduisent les deux premiers des trois genres d'explication envisagés dans cette hypothèse[321] ; il reste l'Homme, et il est peut-être un peu plus difficile de voir comment il joue le même rôle à l'égard du troisième, mais pourtant il en est bien ainsi en réalité.

Cela résulte en effet de la façon dont Comte envisage les différentes sciences : pour lui, elles sont arrivées successivement à l'« état positif » dans un certain ordre, chacune d'elles étant préparée par celles qui la précèdent et sans lesquelles elle n'aurait pu se constituer. Or la dernière de toutes les sciences suivant cet ordre, celle par conséquent à laquelle toutes les autres aboutissent et qui représente ainsi le terme et le sommet de la connaissance dite « positive », science que Comte s'est lui-même donné en quelque sorte pour « mission » de constituer, est celle à laquelle il a attribué le nom assez barbare de « sociologie », passé depuis lors dans l'usage courant ; et cette « sociologie » est proprement la science de l'Homme, ou, si l'on préfère, de l'Humanité, envisagée naturellement au seul point de vue « social » ; d'ailleurs, pour Comte, il ne peut y avoir d'autre science de l'Homme que celle-là, car il croit que tout ce qui caractérise spécialement l'être humain et lui appartient en propre, à l'exclusion des autres êtres vivants, procède uniquement de la vie sociale. Il était dès lors parfaitement logique, quoi que certains aient pu en dire, qu'il aboutît là où il a abouti en fait : poussé par le besoin plus ou moins conscient de réaliser une sorte de parallélisme entre l'« état positif » et les deux autres « états » tels qu'il se les représentait, il en a vu l'achèvement dans ce qu'il a appelé la « religion de l'Humanité[322] ». Nous voyons donc ici, comme terme « idéal » des trois « états » respectivement, Dieu, la Nature et l'Humanité ; nous n'y insisterons pas davantage, car cela suffit en somme pour montrer que la trop fameuse « loi des trois états » provient bien réellement d'une déformation et d'une application faussée du ternaire *Deus, Homo, Natura*, et ce qui est plutôt étonnant c'est qu'il ne paraît pas que personne s'en soit jamais aperçu.

CHAPITRE XXI
PROVIDENCE, VOLONTÉ, DESTIN

Retour au sommaire

Pour compléter ce que nous avons dit du ternaire *Deus, Homo, Natura*, nous parlerons quelque peu d'un autre ternaire qui lui correspond manifestement terme à terme : c'est celui qui est formé par la Providence, la Volonté et le Destin, considérés comme les trois puissances qui régissent l'Univers manifesté. Les considérations relatives à ce ternaire ont été développées surtout, dans les temps modernes, par Fabre d'Olivet[323], sur des données d'origine pythagoricienne ; il se réfère d'ailleurs aussi secondairement, à diverses reprises, à la tradition chinoise[324], d'une façon qui implique qu'il en a reconnu l'équivalence avec la Grande Triade. « L'homme, dit-il, n'est ni un animal ni une intelligence pure ; c'est un être mitoyen, placé entre la matière et l'esprit, entre le Ciel et la Terre, pour en être le lien » ; et l'on peut reconnaître nettement ici la place et le rôle du terme médian de la Triade extrême-orientale. « Que l'Homme universel[325] soit une puissance, c'est ce qui est constaté par tous les codes sacrés des nations, c'est ce qui est senti par tous les sages, c'est ce qui est même avoué par les vrais savants… Les deux autres puissances, au milieu desquelles il se trouve placé, sont le Destin et la Providence. Au-dessous de lui est le Destin, nature nécessitée et naturée ; au-dessus de lui est la Providence, nature libre et naturante. Il est, lui, comme règne hominal, la Volonté médiatrice, efficiente, placée entre ces deux natures pour leur servir de lien, de moyen de communication, et réunir deux actions, deux mouvements qui seraient incompatibles sans lui. » Il est intéressant de noter que les deux termes extrêmes du ternaire sont désignés expressément comme *Natura naturans* et *Natura naturata*, conformément à ce que nous avons dit plus haut ; et les deux actions ou les deux mouvements dont il est question ne sont pas autre chose au fond que l'action et la réaction du Ciel et de la Terre, le mouvement alterné du *yang* et du *yin*. « Ces trois puissances, la Providence, l'Homme considéré comme règne hominal, et le Destin, constituent le ternaire universel. Rien n'échappe à leur action, tout leur est soumis dans l'Univers, tout, excepté Dieu lui-même qui, les enveloppant de son insondable unité, forme avec elles cette tétrade des anciens, cet immense quaternaire, qui est tout dans tous, et hors duquel il n'est rien. » C'est là une allusion au quaternaire fondamental des Pythagoriciens, symbolisé par la *Tetraktys*, et ce que nous en avons dit précédemment, à propos du ternaire *Spiritus, Anima, Corpus*, permet de comprendre suffisamment ce qu'il en est pour qu'il ne soit pas besoin d'y revenir. D'autre part, il faut encore remarquer, car cela est particulièrement important au point de vue des concordances, que « Dieu » est envisagé ici comme le Principe en lui-même, à la différence du premier terme du ternaire *Deus, Homo, Natura*, de sorte que, dans ces deux cas, le même mot n'est pas pris dans la même acception ; et, ici, la Providence est seulement l'instrument de Dieu dans le gouvernement de l'Univers, exactement de même que le Ciel est l'instrument du Principe selon la tradition extrême-orientale.

Maintenant, pour comprendre pourquoi le terme médian est identifié, non pas seulement à l'Homme, mais plus précisément à la Volonté humaine, il faut savoir que, pour Fabre d'Olivet, la volonté est, dans l'être humain, l'élément intérieur et central qui unifie et enveloppe[326] les trois sphères intellectuelle, animique et instinctive, auxquelles correspondent respectivement l'esprit, l'âme et le corps. Comme on doit d'ailleurs retrouver dans le « microcosme » la correspondance du « macrocosme », ces trois sphères y représentent l'analogue des trois puissances universelles qui sont la Providence, la Volonté et le Destin[327] ; et la volonté joue, par rapport à elles, un rôle qui en fait comme l'image du Principe même. Cette façon d'envisager la volonté (qui d'ailleurs, il faut le dire, est insuffisamment justifiée par des considérations d'ordre plus psychologique que vraiment métaphysique) doit être rapprochée de ce que nous avons dit précédemment au sujet du Soufre alchimique, car c'est exactement de cela qu'il s'agit en réalité. Au surplus, il y a là comme une sorte de parallélisme entre les trois puissances, car, d'une part, la Providence peut évidemment être conçue comme l'expression de la Volonté divine, et, d'autre part, le Destin lui-même apparaît comme une sorte de volonté obscure de la Nature. « Le Destin est la partie inférieure et instinctive de la Nature universelle[328], que j'ai appelée nature naturée ; on nomme son action propre fatalité ; la forme par laquelle il se manifeste à nous se nomme nécessité… La Providence est la partie supérieure et intelligente de la Nature universelle, que j'ai appelée nature naturante ; c'est une loi vivante émanée de la Divinité, au moyen de laquelle toutes choses se déterminent en puissance d'être[329]… C'est la Volonté de l'homme qui, comme puissance médiane (correspondant à la partie animique de la Nature universelle), réunit le Destin à la Providence ; sans elle, ces deux puissances extrêmes non seulement ne se réuniraient jamais, mais elles ne se connaîtraient même pas [330] ».

Un autre point qui est encore très digne de remarque, c'est celui-ci : la Volonté humaine, en s'unissant à la Providence et en collaborant consciemment avec elle[331], peut faire équilibre au Destin et arriver à le neutraliser[332]. Fabre d'Olivet dit que « l'accord de la Volonté et de la Providence constitue le Bien ; le Mal naît de leur opposition[333]... L'homme se perfectionne ou se déprave selon qu'il tend à se confondre avec l'Unité universelle ou à s'en distinguer[334] », c'est-à-dire selon que, tendant vers l'un ou l'autre des deux pôles de la manifestation[335], qui correspondent en effet à l'unité et à la multiplicité, il allie sa volonté à la Providence ou au Destin et se dirige ainsi, soit du côté de la « liberté », soit du côté de la « nécessité ». Il dit aussi que « la loi providentielle est la loi de l'homme divin, qui vit principalement de la vie intellectuelle, dont elle est la régulatrice » ; il ne précise d'ailleurs pas davantage la façon dont il comprend cet « homme divin », qui peut sans doute, suivant les cas, être assimilé à l'« homme transcendant » ou seulement à l'« homme véritable ». Selon la doctrine pythagoricienne, suivie d'ailleurs sur ce point comme sur tant d'autres par Platon, « la Volonté évertuée par la foi (donc associée par là même à la Providence) pouvait subjuguer la Nécessité elle-même, commander à la Nature, et opérer des miracles ». L'équilibre entre la Volonté et la Providence d'une part et le Destin de l'autre était symbolisé géométriquement par le triangle rectangle dont les côtés sont respectivement proportionnels aux nombres 3, 4 et 5, triangle auquel le Pythagorisme donnait une grande importance[336], et qui, par une coïncidence très remarquable encore, n'en a pas une moindre dans la tradition extrême-orientale. Si la Providence est représentée[337] par 3, la Volonté humaine par 4 et le Destin par 5, on a dans ce triangle : $3^2 + 4^2 = 5^2$; l'élévation des nombres à la seconde puissance indique que ceci se rapporte au domaine des forces universelles, c'est-à-dire proprement au domaine animique[338], celui qui correspond à l'Homme dans le « macrocosme », et au centre duquel, en tant que terme médian, se situe la volonté dans le « microcosme[339] ».

CHAPITRE XXII
LE TRIPLE TEMPS

Retour au sommaire

Après tout ce qui vient d'être dit, on peut encore se poser cette question : y a-t-il, dans l'ordre des déterminations spatiales et temporelles, quelque chose qui correspond aux trois termes de la Grande Triade et des ternaires équivalents ? En ce qui concerne l'espace, il n'y a aucune difficulté à trouver une telle correspondance, car elle est donnée immédiatement par la considération du « haut » et du « bas », envisagés, suivant la représentation géométrique habituelle, par rapport à un plan horizontal pris comme « niveau de référence », et qui, pour nous, est naturellement celui qui correspond au domaine de l'état humain. Ce plan peut être regardé comme médian, d'abord parce qu'il nous apparaît comme tel du fait de notre « perspective » propre, en tant qu'il est celui de l'état dans lequel nous nous trouvons actuellement, et aussi parce que nous pouvons y situer au moins virtuellement le centre de l'ensemble des états de manifestation ; pour ces raisons, il correspond évidemment à l'Homme comme terme moyen de la Triade, aussi bien qu'à l'homme entendu au sens ordinaire et individuel. Relativement à ce plan, ce qui est au-dessus représente les aspects « célestes » du Cosmos, et ce qui est au-dessous en représente les aspects « terrestres », les extrêmes limites respectives des deux régions en lesquelles l'espace est ainsi partagé (limites qui se situent à l'indéfini dans les deux sens) étant les deux pôles de la manifestation, c'est-à-dire le Ciel et la Terre eux-mêmes, qui, du plan considéré, sont vus à travers ces aspects relativement « célestes » et « terrestres ». Les influences correspondantes s'expriment par deux tendances contraires, qui peuvent être rapportées aux deux moitiés de l'axe vertical, la moitié supérieure étant prise dans la direction ascendante et la moitié inférieure dans la direction descendante à partir du plan médian ; comme celui-ci correspond naturellement à l'expansion dans le sens horizontal, intermédiaire entre ces deux tendances opposées, on voit qu'on a ici, en outre, la correspondance des trois *gunas* de la tradition hindoue[340] avec les trois termes de la Triade : *sattwa* correspond ainsi au Ciel, *rajas* à l'Homme, et *tamas* à la Terre[341]. Si le plan médian est regardé comme un plan diamétral d'une sphère (qui doit d'ailleurs être considérée comme de rayon indéfini, puisqu'elle comprend la totalité de l'espace), les deux hémisphères supérieur et inférieur sont, suivant un autre symbolisme dont nous avons déjà parlé, les deux moitiés de l'« Œuf du Monde », qui, après leur séparation, réalisée par la détermination effective du plan médian, deviennent respectivement le Ciel et la Terre, entendus ici dans leur acception la plus générale[342] ; au centre du plan médian lui-même se situe *Hiranyagarbha*, qui apparaît ainsi dans le Cosmos comme l'« *Avatâra* éternel », et qui est par là même identique à l'« Homme Universel[343] ».

Pour ce qui est du temps, la question peut sembler plus difficile à résoudre, et cependant il y a bien là aussi un ternaire, puisqu'on parle du « triple temps » (en sanscrit *trikâla*), c'est-à-dire que le temps est envisagé sous trois modalités, qui sont le passé, le présent et l'avenir ; mais ces trois modalités peuvent-elles être mises en rapport avec les trois termes de ternaires tels que ceux que nous examinons ici ? Il faut remarquer tout d'abord que le présent peut être représenté comme un point divisant en deux parties la ligne suivant laquelle se déroule le temps, et déterminant ainsi, à chaque instant, la séparation (mais aussi la jonction) entre le passé et l'avenir dont il est la limite commune, comme le plan médian dont nous parlions tout à l'heure est celle des deux moitiés supérieure et inférieure de l'espace. Comme nous l'avons expliqué ailleurs[344], la représentation « rectiligne » du temps est insuffisante et inexacte, puisque le temps est en réalité « cyclique », et que ce caractère se retrouve même jusque dans ses moindres subdivisions ; mais ici nous n'avons pas à spécifier la forme de la ligne représentative, car, quelle qu'elle soit, pour l'être qui est situé en un point de cette ligne, les deux parties en lesquelles elle est divisée apparaissent toujours comme situées respectivement « avant » et « après » ce point, de même que les deux moitiés de l'espace apparaissent comme situées « en haut » et « en bas », c'est-à-dire au-dessus et au-dessous du plan qui est pris comme « niveau de référence ». Pour compléter à cet égard le parallélisme entre les déterminations spatiales et temporelles, le point représentatif du présent peut toujours être pris en un certain sens pour le « milieu du temps », puisque, à partir de ce point, le temps ne peut apparaître que comme également indéfini dans les deux directions opposées qui correspondent au passé et à l'avenir. Il y a d'ailleurs quelque chose de plus : l'« homme véritable » occupe le centre de l'état humain, c'est-à-dire un point qui doit être vraiment « central » par rapport à toutes les conditions de cet état, y compris la condition temporelle[345] ; on peut donc dire qu'il se situe effectivement au « milieu du temps », qu'il détermine d'ailleurs lui-même par le fait qu'il domine en quelque sorte les conditions individuelles[346], de même que, dans la tradition chinoise, l'Empereur, en se plaçant au point central du *Ming-tang*, détermine le milieu du cycle annuel ; ainsi le « milieu du temps » est proprement, si l'on peut s'exprimer ainsi, le « lieu » temporel de l'« homme véritable », et, pour lui, ce point est vraiment toujours le présent.

Si donc le présent peut être mis en correspondance avec l'Homme (et du reste, même en ce qui concerne simplement l'être humain ordinaire, il est évident que ce n'est que dans le présent qu'il peut exercer son action, du moins d'une façon directe et immédiate[347]), il reste à voir s'il n'y aurait pas aussi une certaine correspondance du passé et de l'avenir avec les deux autres termes de la Triade, et c'est encore une comparaison entre les déterminations spatiales et temporelles qui va nous en fournir l'indication. En effet, les états de manifestation inférieurs et supérieurs par rapport à l'état humain, qui sont représentés, suivant le symbolisme spatial, comme situés respectivement au-dessous et au-dessus de lui, sont décrits d'autre part, suivant le symbolisme temporel, comme constituant des cycles respectivement antérieurs et postérieurs au cycle actuel. L'ensemble de ces états forme ainsi deux domaines dont l'action, en tant qu'elle se fait sentir dans l'état humain, s'y exprime par des influences qu'on peut dire « terrestres » d'une part et « célestes » de l'autre, dans le sens que nous avons constamment donné ici à ces termes, et y apparaît comme la manifestation respective du Destin et de la Providence ; c'est ce que la tradition hindoue indique très nettement en attribuant l'un de ces domaines aux *Asuras* et l'autre aux *Dêvas*. C'est peut-être, en effet, en envisageant les deux termes extrêmes de la Triade sous l'aspect du Destin et de la Providence que la correspondance est le plus clairement visible ; et c'est précisément pourquoi le passé apparaît comme « nécessité » et l'avenir comme « libre », ce qui est bien exactement le caractère propre de ces deux puissances.

Il est vrai que ce n'est là encore, en réalité, qu'une question de « perspective », et que, pour un être qui est en dehors de la condition temporelle, il n'y a plus ni passé, ni avenir, ni par conséquent aucune différence entre eux, tout lui apparaissant en parfaite simultanéité[348] ; mais, bien entendu, nous parlons ici au point de vue d'un être qui, étant dans le temps, se trouve nécessairement placé par là même entre le passé et l'avenir.

« Le Destin, dit à ce sujet Fabre d'Olivet, ne donne le principe de rien, mais il s'en empare dès qu'il est donné, pour en dominer les conséquences. C'est par la nécessité seule de ces conséquences qu'il influe sur l'avenir et se fait sentir dans le présent, car tout ce qu'il possède en propre est dans le passé. On peut donc entendre par le Destin cette puissance d'après laquelle nous concevons que les choses faites sont faites, qu'elles sont ainsi et non pas autrement, et que, posées une fois selon leur nature, elles ont des résultats forcés qui se développent successivement et nécessairement. » Il faut dire qu'il s'exprime beaucoup moins nettement en ce qui concerne la correspondance temporelle des deux autres puissances, et que même il lui est arrivé, dans un écrit antérieur à celui que nous citons, de l'intervertir d'une façon qui paraît assez difficilement explicable[349]. « La Volonté de l'homme, en déployant son activité, modifie les choses coexistantes (donc présentes), en crée de nouvelles, qui deviennent à l'instant la propriété du Destin, et prépare pour l'avenir des mutations dans ce qui était fait, et des conséquences nécessaires dans ce qui vient de l'être[350]... Le but de la Providence est la perfection de tous les êtres, et cette perfection, elle en reçoit de Dieu même le type irréfragable. Le moyen qu'elle a pour parvenir à ce but est ce que nous appelons le temps. Mais le temps n'existe pas pour elle suivant l'idée que nous en avons[351] ; elle le conçoit comme un mouvement d'éternité[352]. » Tout cela n'est pas parfaitement clair, mais nous pouvons facilement suppléer à cette lacune ; nous l'avons déjà fait tout à l'heure, du reste, pour ce qui est de l'Homme, et par conséquent de la Volonté. Quant à la Providence, c'est, au point de vue traditionnel, une notion courante que, suivant l'expression qorânique, « Dieu a les clefs des choses cachées[353] », donc notamment de celles qui, dans notre monde, ne sont pas encore manifestées[354] ; l'avenir est en effet caché pour les hommes, du moins dans les conditions habituelles ; or il est évident qu'un être, quel qu'il soit, ne peut avoir aucune prise sur ce qu'il ne connaît pas, et que par conséquent l'homme ne saurait agir directement sur l'avenir, qui d'ailleurs, dans sa « perspective » temporelle, n'est pour lui que ce qui n'existe pas encore. Du reste, cette idée est demeurée même dans la mentalité commune, qui, peut-être sans en avoir très nettement conscience, l'exprime par des affirmations proverbiales telles que, par exemple, « l'homme propose et Dieu dispose », c'est-à-dire que, bien que l'homme s'efforce, dans la mesure de ses moyens, de préparer l'avenir, celui-ci ne sera pourtant en définitive que ce que Dieu voudra qu'il soit, ou ce qu'il le fera être par l'action de sa Providence (d'où il résulte d'ailleurs que la Volonté agira d'autant plus efficacement en vue de l'avenir qu'elle sera plus étroitement unie à la Providence) ; et l'on dit aussi, plus explicitement encore, que « le présent appartient aux hommes, mais l'avenir appartient à Dieu ». Il ne saurait donc y avoir aucun doute à cet égard, et c'est bien l'avenir qui, parmi les modalités du « triple temps », constitue le domaine propre de la Providence, comme l'exige d'ailleurs la symétrie de celle-ci avec le Destin qui a pour domaine propre le passé, car cette symétrie doit nécessairement résulter du fait que ces deux puissances représentent respectivement les deux termes extrêmes du « ternaire universel ».

CHAPITRE XXIII
LA ROUE
COSMIQUE

Retour au sommaire

Dans certains ouvrages se rattachant à la tradition hermétique[355], on trouve mentionné le ternaire *Deus, Homo, Rota*, c'est-à-dire que, dans le ternaire que nous avons envisagé précédemment, le troisième terme *Natura* est remplacé par *Rota* ou la « Roue » ; il s'agit ici de la « roue cosmique », qui est, comme nous l'avons déjà dit en diverses occasions, un symbole du monde manifesté, et que les Rosicruciens appelaient *Rota Mundi* [356]. On peut donc dire que, en général, ce symbole représente la « Nature » prise, suivant ce que nous avons dit, dans son sens le plus étendu ; mais il est en outre susceptible de diverses significations plus précises, parmi lesquelles nous envisagerons seulement ici celles qui ont un rapport direct avec le sujet de notre étude.

La figure géométrique dont la roue est dérivée est celle du cercle avec son centre ; au sens le plus universel, le centre représente le Principe, symbolisé géométriquement par le point comme il l'est arithmétiquement par l'unité, et la circonférence représente la manifestation, qui est « mesurée » effectivement par le rayon émané du Principe[357] ; mais cette figure, bien que très simple en apparence, a pourtant de multiples applications à des points de vue différents et plus ou moins particularisés[358]. Notamment, et c'est là ce qui nous importe surtout en ce moment, puisque le Principe agit dans le Cosmos par le moyen du Ciel, celui-ci pourra être représenté également par le centre, et alors la circonférence, à laquelle s'arrêtent en fait les rayons émanés de celui-ci, représentera l'autre pôle de la manifestation, c'est-à-dire la Terre, la surface même du cercle correspondant dans ce cas au domaine cosmique tout entier ; d'ailleurs, le centre est unité et la circonférence multiplicité, ce qui exprime bien les caractères respectifs de l'Essence et de la Substance universelles. On pourra aussi se borner à la considération d'un monde ou d'un état d'existence déterminé ; alors, le centre sera naturellement le point où l'« Activité du Ciel » se manifeste dans cet état, et la circonférence représentera la *materia secunda* de ce monde, qui joue, relativement à lui, un rôle correspondant à celui de la *materia prima* à l'égard de la totalité de la manifestation universelle[359].

La figure de la roue ne diffère de celle dont nous venons de parler que par le tracé d'un certain nombre de rayons, qui marquent plus explicitement le rapport de la circonférence à laquelle ils aboutissent au centre dont ils sont issus ; et il est bien entendu que la circonférence ne saurait exister sans son centre, tandis que celui-ci est absolument indépendant de celle-là et contient principiellement toutes les circonférences concentriques possibles, qui sont déterminées par la plus ou moins grande extension des rayons. Ces rayons peuvent évidemment être figurés en nombre variable, puisqu'ils sont réellement en multitude indéfinie comme les points de la circonférence qui en sont les extrémités ; mais, en fait, les figurations traditionnelles comportent toujours des nombres qui ont par eux-mêmes une valeur symbolique particulière, laquelle s'ajoute à la signification générale de la roue pour définir les différentes applications qui en sont faites suivant les cas[360]. La forme la plus simple est ici celle qui présente seulement quatre rayons divisant la circonférence en parties égales, c'est-à-dire deux diamètres rectangulaires formant une croix à l'intérieur de la circonférence[361]. Cette figure correspond naturellement, au point de vue spatial, à la détermination des points cardinaux[362] ; d'autre part, au point de vue temporel, la circonférence, si on se la représente comme parcourue dans un certain sens, est l'image d'un cycle de manifestation, et les divisions déterminées sur cette circonférence par les extrémités des branches de la croix correspondent alors aux différentes périodes ou phases en lesquelles se partage ce cycle ; une telle division peut naturellement être envisagée, pour ainsi dire, à des échelles diverses, selon qu'il s'agira de cycles plus ou moins étendus[363]. L'idée de la roue évoque d'ailleurs immédiatement par elle-même celle de « rotation » ; cette rotation est la figure du changement continuel auquel sont soumises toutes choses manifestées, et c'est pourquoi on parle aussi de la « roue du devenir[364] » ; dans un tel mouvement, il n'y a qu'un point unique qui demeure fixe et immuable, et ce point est le centre[365].

Il n'est pas nécessaire ici d'insister davantage sur toutes ces notions ; nous ajouterons seulement que, si le centre est d'abord un point de départ, il est aussi un point d'aboutissement : tout est issu de lui, et tout doit finalement y revenir. Puisque toutes choses n'existent que par le Principe (ou par ce qui le représente relativement à la manifestation ou à un certain état de celle-ci), il doit y avoir entre elles et lui un lien permanent, figuré par les rayons joignant au centre tous les points de la circonférence ; mais ces rayons peuvent être parcourus en deux sens opposés : d'abord du centre à la circonférence, et ensuite de la circonférence en retour vers le centre[366]. Il y a donc là deux phases complémentaires, dont la première est représentée par un mouvement centrifuge et la seconde par un mouvement centripète[367] ; ce sont ces deux phases qui sont comparées traditionnellement, comme nous l'avons dit souvent, à celles de la respiration, ainsi qu'au double mouvement du cœur. On voit que nous avons là un ternaire constitué par le centre, le rayon et la circonférence, et dans lequel le rayon joue exactement le rôle du terme médian tel que nous l'avons précédemment défini ; c'est pourquoi, dans la Grande Triade extrême-orientale, l'Homme est parfois assimilé au rayon de la « roue cosmique », dont le centre et la circonférence correspondent alors respectivement au Ciel et à la Terre. Comme le rayon émané du centre « mesure » le Cosmos ou le domaine de la manifestation, on voit encore par là que l'« homme véritable » est proprement la « mesure de toutes choses » en ce monde, et de même l'« Homme Universel » l'est pour l'intégralité de la manifestation[368] ; et l'on pourra remarquer aussi à ce propos que, dans la figure dont nous parlions tout à l'heure, la croix formée par les deux diamètres rectangulaires, et qui équivaut d'une certaine façon à l'ensemble de tous les rayons de la circonférence (tous les moments d'un cycle étant comme résumés dans ses phases principales), donne précisément, sous sa forme complète, le symbole même de l'« Homme Universel[369] ».

Naturellement, ce dernier symbolisme est différent, en apparence tout au moins, de celui qui montre l'homme comme situé au centre même d'un état d'existence, et l'« Homme Universel » comme identifié à l'« Axe du Monde », parce qu'il correspond à un point de vue également différent dans une certaine mesure ; mais, au fond, ils ne s'en accordent pas moins exactement quant à leur signification essentielle, et il faut seulement prendre garde, comme toujours en pareil cas, de ne pas confondre les sens divers dont leurs éléments sont susceptibles[370]. Il y a lieu de remarquer, à cet égard, que, en tout point de la circonférence et pour ce point, la direction de la tangente peut être regardée comme l'horizontale, et, par conséquent, celle du rayon qui lui est perpendiculaire comme la verticale, de sorte que tout rayon est en quelque façon un axe virtuel. Le haut et le bas peuvent donc être considérés comme correspondant toujours à cette direction du rayon, envisagée dans les deux sens opposés ; mais, tandis que, dans l'ordre des apparences sensibles, le bas est vers le centre (qui est alors le centre de la terre)[371], il faut ici faire l'application du « sens inverse » et considérer le centre comme étant en réalité le point le plus haut[372] ; et ainsi, de quelque point de la circonférence qu'on parte, ce point le plus haut demeure toujours le même. On doit donc se représenter l'Homme, assimilé au rayon de la roue, comme ayant les pieds sur la circonférence et la tête touchant le centre ; et en effet, dans le « microcosme », on peut dire que sous tous les rapports, les pieds sont en correspondance avec la Terre et la tête avec le Ciel[373].

CHAPITRE XXIV
LE «TRIRATNA»

Retour au sommaire

Pour terminer l'examen des concordances entre différents ternaires traditionnels, nous dirons quelques mots du ternaire *Buddha, Dharma, Sangha*, qui constitue le *Triratna* ou « triple joyau », et que certains Occidentaux appellent, fort mal à propos, une « Trinité bouddhique ». Il faut dire tout de suite qu'il n'est pas possible de faire correspondre exactement et complètement ses termes avec ceux de la Grande Triade ; cependant, une telle correspondance peut être envisagée tout au moins sous quelques rapports. Tout d'abord, en effet, pour commencer par ce qui apparaît le plus clairement à cet égard, le *Sangha* ou l'« Assemblée[374] », c'est-à-dire la communauté bouddhique, représente évidemment ici l'élément proprement humain ; au point de vue spécial du Bouddhisme, il tient en somme la place de l'Humanité elle-même[375], parce qu'il en est pour lui la portion « centrale », celle par rapport à laquelle tout le reste est envisagé[376], et aussi parce que, d'une façon générale, toute forme traditionnelle particulière ne peut s'occuper directement que de ses adhérents effectifs, et non pas de ceux qui sont, si l'on peut s'exprimer ainsi, en dehors de sa « juridiction ». En outre, la position « centrale » donnée au *Sangha*, dans l'ordre humain, est réellement justifiée (comme pourrait d'ailleurs l'être également et au même titre celle de son équivalent dans toute autre tradition) par la présence en son sein des *Arhats*, qui ont atteint le degré de l'« homme véritable[377] », et qui, par conséquent, sont effectivement situés au centre même de l'état humain.

Quant au *Buddha*, on peut dire qu'il représente l'élément transcendant, à travers lequel se manifeste l'influence du Ciel, et qui, par suite, « incarne » pour ainsi dire cette influence à l'égard de ses disciples directs ou indirects, qui s'en transmettent une participation les uns aux autres et par une « chaîne » continue, au moyen des rites d'admission dans le *Sangha*. En disant cela du *Buddha*, nous pensons d'ailleurs moins au personnage historique envisagé en lui-même, quoi qu'il ait pu être en fait (ce qui n'a qu'une importance tout à fait secondaire au point de vue où nous nous plaçons ici), qu'à ce qu'il représente[378] en vertu des caractères symboliques qui lui sont attribués[379], et qui le font apparaître avant tout sous les traits de l'*Avatâra* [380]. En somme, sa manifestation est proprement la « redescente du Ciel en Terre » dont parle la *Table d'Émeraude*, et l'être qui apporte ainsi les influences célestes en ce monde, après les avoir « incorporées » à sa propre nature, peut être dit représenter véritablement le Ciel par rapport au domaine humain. Assurément, cette conception est fort loin du Bouddhisme « rationalisé » avec lequel les Occidentaux ont été familiarisés par les travaux des orientalistes ; il se peut qu'elle réponde à un point de vue « mahâyâniste », mais ce ne saurait être là une objection valable pour nous, car il semble bien que le point de vue « hinayâniste » qu'on s'est accoutumé à présenter comme « original », sans doute parce qu'il ne s'accorde que trop bien avec certaines idées préconçues, ne soit tout au contraire, en réalité, rien d'autre que le produit d'une simple dégénérescence.

Il ne faudrait d'ailleurs pas prendre la correspondance que nous venons d'indiquer pour une identification pure et simple, car, si le *Buddha* représente d'une certaine façon le principe « céleste », ce n'est pourtant qu'en un sens relatif, et en tant qu'il est en réalité le « médiateur », c'est-à-dire qu'il joue le rôle qui est proprement celui de l'« Homme Universel[381] ». Aussi, en ce qui concerne le *Sangha*, avons-nous dû, pour l'assimiler à l'Humanité, nous restreindre à la considération de celle-ci dans le sens individuel exclusivement (y compris l'état de l'« homme véritable » qui n'est encore que la perfection de l'individualité) ; et encore faut-il ajouter que l'Humanité apparaît ici comme conçue « collectivement » (puisqu'il s'agit d'une « Assemblée ») plutôt que « spécifiquement ». On pourrait donc dire que, si nous avons trouvé ici un rapport comparable à celui du Ciel et de l'Homme, les deux termes de ce rapport sont cependant compris dans ce que la tradition extrême-orientale désigne comme l'« Homme » au sens le plus complet et le plus « compréhensif » de ce mot, et qui doit en effet contenir en lui-même une image de la Grande Triade tout entière.

Pour ce qui est du *Dharma* ou de la « Loi », il est plus difficile de trouver une correspondance précise, même avec des réserves comme celles que nous venons de formuler pour les deux autres termes du ternaire ; le mot *dharma* a d'ailleurs en sanscrit des sens multiples, qu'il faut savoir distinguer dans les différents cas où il est employé, et qui rendent une définition générale à peu près impossible. On peut cependant remarquer que la racine de ce mot a proprement le sens de « supporter[382] », et faire à cet égard un rapprochement avec la Terre qui « supporte », suivant ce qui a été expliqué plus haut ; il s'agit en somme d'un principe de conservation des êtres, donc de stabilité, pour autant du moins que celle-ci est compatible avec les conditions de la manifestation, car toutes les applications du *dharma* concernent toujours le monde manifesté ; et, ainsi que nous l'avons dit à propos du rôle attribué à Niu-koua, la fonction d'assurer la stabilité du monde se rapporte au côté « substantiel » de la manifestation. Il est vrai que, d'autre part, l'idée de stabilité se réfère à quelque chose qui, dans le domaine même du changement, échappe à ce changement, donc doit se situer dans l'« Invariable Milieu » ; mais c'est quelque chose qui vient du pôle « substantiel », c'est-à-dire du côté des influences terrestres, par la partie inférieure de l'axe parcourue dans le sens ascendant[383]. La notion du *dharma*, ainsi comprise, n'est d'ailleurs pas limitée à l'homme, mais s'étend à tous les êtres et à tous leurs états de manifestation ; on peut donc dire que, en elle-même, elle est d'ordre proprement cosmique ; mais, dans la conception bouddhique de la « Loi », l'application en est faite spécialement à l'ordre humain, de sorte que, si elle présente une certaine correspondance relative avec le terme inférieur de la Grande Triade, c'est encore par rapport à l'Humanité, toujours entendue au sens individuel, que ce terme doit ici être envisagé.

On peut encore remarquer qu'il y a toujours dans l'idée de « loi », dans tous les sens et dans toutes les applications dont elle est susceptible, un certain caractère de « nécessité[384] » ou de « contrainte » qui la situe du côté du « Destin », et aussi que le *dharma* exprime en somme, pour tout être manifesté, la conformité aux conditions qui lui sont imposées extérieurement par le milieu ambiant, c'est-à-dire par la « Nature » au sens le plus étendu de ce mot. On peut dès lors comprendre pourquoi le *Dharma* bouddhique a comme principal symbole la roue, d'après ce que nous avons exposé précédemment au sujet de la signification de celle-ci[385] ; et en même temps, par cette représentation, on voit qu'il s'agit d'un principe passif par rapport au *Buddha*, puisque c'est celui-ci qui « fait tourner la roue de la Loi[386] ». Il doit d'ailleurs évidemment en être ainsi, dès lors que le *Buddha* se situe du côté des influences célestes comme le *Dharma* du côté des influences terrestres ; et l'on peut ajouter que le *Buddha*, par là même qu'il est au-delà des conditions du monde manifesté, n'aurait rien de commun avec le *Dharma* [387] s'il n'avait à en faire l'application à l'Humanité, de même que, suivant ce que nous avons vu plus haut, la Providence n'aurait rien de commun avec le Destin sans l'Homme qui relie l'un à l'autre ces deux termes extrêmes du « ternaire universel ».

CHAPITRE XXV
LA CITÉ DES
SAULES

Retour au sommaire

Bien que, comme nous l'avons dit dès le début, nous n'ayons pas l'intention d'étudier spécialement ici le symbolisme rituélique de la *Tien-ti-houei*, il s'y trouve cependant un point sur lequel nous tenons à attirer l'attention, car il se réfère nettement à un symbolisme « polaire » qui n'est pas sans rapport avec quelques-unes des considérations que nous avons exposées. Le caractère « primordial » d'un tel symbolisme, quelles que soient les formes particulières qu'il peut revêtir, apparaît notamment par ce que nous avons dit au sujet de l'orientation ; et cela est facile à comprendre, puisque le centre est le « lieu » qui correspond proprement à l'« état primordial », et que d'ailleurs le centre et le pôle sont au fond une seule et même chose, car il s'agit toujours en cela du point unique qui demeure fixe et invariable dans toutes les révolutions de la « roue du devenir[388] ». Le centre de l'état humain peut donc être représenté comme le pôle terrestre, et celui de l'Univers total comme le pôle céleste ; et l'on peut dire que le premier est ainsi le « lieu » de l'« homme véritable », et le second celui de l'« homme transcendant ». En outre, le pôle terrestre est comme le reflet du pôle céleste, puisque, en tant qu'il est identifié au centre, il est le point où se manifeste directement l'« Activité du Ciel » ; et ces deux pôles sont joints l'un à l'autre par l'« Axe du Monde », suivant la direction duquel s'exerce cette « Activité du Ciel[389] ». C'est pourquoi des symboles stellaires, qui appartiennent proprement au pôle céleste, peuvent être rapportés aussi au pôle terrestre, où ils se réfléchissent, si l'on peut s'exprimer ainsi, par « projection » dans le domaine correspondant. Dès lors, sauf dans les cas où ces deux pôles sont expressément marqués par des symboles distincts, il n'y a pas lieu de les différencier, le même symbolisme ayant ainsi son application à deux degrés différents d'universalité ; et ceci, qui exprime l'identité virtuelle du centre de l'état humain avec celui de l'être total[390], correspond aussi, en même temps, à ce que nous disions plus haut, que, du point de vue humain, l'« homme véritable » ne peut être distingué de la « trace » de l'« homme transcendant ».

Dans l'initiation à la *Tien-ti-houei*, le néophyte, après être passé par différentes étapes préliminaires, dont la dernière est désignée comme le « Cercle du Ciel et de la Terre » (*Tien-ti-kiuen*), arrive finalement à la « Cité des Saules » (*Mou-yang-tcheng*), qui est aussi appelée la « Maison de la Grande Paix » (*Tai-ping-chouang*)[391]. Le premier de ces deux noms s'explique par le fait que le saule est, en Chine, un symbole d'immortalité ; il équivaut donc à l'acacia dans la Maçonnerie, ou au « rameau d'or » dans les mystères antiques[392] ; et, en raison de cette signification, la « Cité des Saules » est proprement le « séjour des Immortels[393] ». Quant à la seconde dénomination, elle indique aussi clairement que possible qu'il s'agit d'un lieu considéré comme « central[394] », car la « Grande Paix » (en arabe *Es-*

Sakînah)[395] est la même chose que la *Shekinah* de la Kabbale hébraïque, c'est-à-dire la « présence divine » qui est la manifestation même de l'« Activité du Ciel », et qui, comme nous l'avons déjà dit, ne peut résider effectivement que dans un tel lieu, ou dans un « sanctuaire » traditionnel qui lui est assimilé. Ce centre peut d'ailleurs représenter, d'après ce que nous venons de dire, soit celui du monde humain, soit celui de l'Univers total ; le fait qu'il est au-delà du « Cercle du Ciel et de la Terre » exprime, suivant la première signification, que celui qui y est parvenu échappe par là même au mouvement de la « roue cosmique » et aux vicissitudes du *yin* et du *yang*, donc à l'alternance des vies et des morts qui en est la conséquence, de sorte qu'il peut être dit véritablement « immortel[396] » ; et, suivant la seconde signification, il y a là une allusion assez explicite à la situation « extra-cosmique » du « faîte du Ciel ».

Maintenant, ce qui est encore très remarquable, c'est que la « Cité des Saules » est représentée rituéliquement par un boisseau rempli de riz, et dans lequel sont plantés divers étendards symboliques[397] ; cette figuration peut sembler plutôt étrange, mais elle s'explique sans peine dès qu'on sait que le « Boisseau » (*Teou*) est, en Chine, le nom de la Grande Ourse[398]. Or on sait quelle est l'importance donnée traditionnellement à cette constellation ; et, dans la tradition hindoue notamment, la Grande Ourse (*sapta-riksha*) est regardée symboliquement comme la demeure des sept *Rishis*, ce qui en fait bien un équivalent du « séjour des Immortels ». De plus, comme les sept *Rishis* représentent la sagesse « supra-humaine » des cycles antérieurs au nôtre, c'est aussi comme une sorte d'« arche » dans laquelle est renfermé le dépôt de la connaissance traditionnelle, afin d'assurer sa conservation et sa transmission d'âge en âge[399] ; par là encore, c'est une image des centres spirituels qui ont en effet cette fonction, et, avant tout, du centre suprême qui garde le dépôt de la Tradition primordiale.

À ce propos, nous mentionnerons un autre symbolisme « polaire » non moins intéressant, qui se trouve dans les anciens rituels de la Maçonnerie opérative : d'après certains de ces rituels, la lettre G est figurée au centre de la voûte, au point même qui correspond à l'Étoile polaire[400] ; un fil à plomb, suspendu à cette lettre G, tombe directement au centre d'un *swastika* tracé sur le plancher, et qui représente ainsi le pôle terrestre[401] : c'est le « fil à plomb du Grand Architecte de l'Univers », qui, suspendu au point géométrique de la « Grande Unité »[402], descend du pôle céleste au pôle terrestre, et est ainsi la figure de l'« Axe du Monde ». Puisque nous avons été amené à parler de la lettre G, nous dirons que ce devrait être en réalité un *iod* hébraïque, auquel elle fut substituée, en Angleterre, par suite d'une assimilation phonétique de *iod* avec *God*, ce qui d'ailleurs, au fond, n'en change pas le sens[403] ; les interprétations diverses qui en sont données ordinairement (et dont la plus importante est celle qui se réfère à la « Géométrie »), n'étant pour la plupart possibles que dans les langues occidentales modernes, ne représentent, quoi qu'en disent certains[404], que des acceptions secondaires qui sont venues accessoirement se grouper autour de cette signification essentielle[405]. La lettre *iod*, première du Tétragramme, représente le Principe, de sorte qu'elle est regardée comme constituant à elle seule un nom divin ; elle est d'ailleurs en elle-même, par sa forme, l'élément principiel dont sont dérivées toutes les autres lettres de l'alphabet hébraïque[406]. Il faut ajouter que la lettre correspondante I de l'alphabet latin est aussi, tant par sa forme rectiligne que par sa valeur dans les chiffres romains, un symbole de l'Unité[407] ; et ce qui est au moins curieux, c'est que le son de cette lettre est le même que celui du mot chinois *i*, qui, comme nous l'avons vu, signifie également l'unité, soit dans son sens arithmétique, soit dans sa transposition métaphysique[408]. Ce qui est peut-être plus curieux encore, c'est que Dante, dans la *Divine Comédie*, fait dire à Adam que le premier nom de Dieu fut I[409] (ce qui correspond encore, d'après ce que nous venons d'expliquer, à la « primordialité » du symbolisme « polaire »), le nom qui vint ensuite étant *El*, et que Francesco da Barberino, dans son *Tractatus Amoris*, s'est fait représenter lui-même dans une attitude d'adoration devant la lettre I[410]. Il est maintenant facile de comprendre ce que cela signifie : qu'il s'agisse du *iod* hébraïque ou du *i* chinois, ce « premier nom de Dieu », qui était aussi, selon toute vraisemblance, son nom secret chez les *Fedeli d'Amore*, n'est pas autre chose, en définitive, que l'expression même de l'Unité principielle[411].

CHAPITRE XXVI
LA VOIE DU MILIEU

Retour au sommaire

Nous terminerons cette étude par une dernière remarque au sujet de la « Voie du Milieu » : nous avons dit que celle-ci, identifiée à la « Voie du Ciel », est représentée par l'axe vertical envisagé dans le sens ascendant ; mais il y a lieu d'ajouter que ceci correspond proprement au point de vue d'un être qui, placé au centre de l'état humain, tend à s'élever de là aux états supérieurs, sans être encore parvenu à la réalisation totale. Lorsque cet être s'est au contraire identifié avec l'axe par son « ascension », suivant la direction de celui-ci, jusqu'au « faîte du Ciel », il a pour ainsi dire amené par là même le centre de l'état humain, qui a été son point de départ, à coïncider pour lui avec le centre de l'être total. En d'autres termes, pour un tel être, le pôle terrestre ne fait plus qu'un avec le pôle céleste ; et, en effet, il doit nécessairement en être ainsi, puisqu'il est parvenu finalement à l'état principiel qui est antérieur (si l'on peut encore employer en pareil cas un mot qui évoque le symbolisme temporel) à la séparation du Ciel et de la Terre. Dès lors, il n'y a plus d'axe à proprement parler, comme si cet être, à mesure qu'il s'identifiait à l'axe, l'avait en quelque sorte « résorbé » jusqu'à le réduire à un point unique ; mais, bien entendu, ce point est le centre qui contient en lui-même toutes les possibilités, non plus seulement d'un état particulier, mais de la totalité des états manifestés et non-manifestés. C'est seulement pour les autres êtres que l'axe subsiste tel qu'il était, puisqu'il n'y a rien de changé dans leur état et qu'ils sont demeurés dans le domaine des possibilités humaines ; ce n'est donc que par rapport à eux qu'on peut parler de « redescente » comme nous l'avons fait, et il est dès lors facile de comprendre que cette « redescente » apparente (qui est pourtant aussi une réalité dans son ordre) ne saurait aucunement affecter l'« homme transcendant » lui-même.

Le centre de l'être total est le « Saint Palais » de la Kabbale hébraïque, dont nous avons parlé ailleurs[412] ; c'est, pourrait-on dire en continuant à employer le symbolisme spatial, la « septième direction », qui n'est aucune direction particulière, mais qui les contient toutes principiellement. C'est aussi, suivant un autre symbolisme que nous aurons peut-être l'occasion d'exposer plus complètement quelque jour, le « septième rayon » du Soleil, celui qui passe par son centre même, et qui, ne faisant à vrai dire qu'un avec ce centre, ne peut être représenté réellement que par un point unique. C'est encore la véritable « Voie du Milieu », dans son acception absolue, car c'est ce centre seul qui est le « Milieu » dans tous les sens ; et, quand nous disons ici « sens », nous ne l'entendons pas seulement des différentes significations dont un mot est susceptible, mais nous faisons aussi allusion, une fois de plus, au symbolisme des directions de l'espace. Les centres des divers états d'existence n'ont en effet le caractère de « Milieu » que par participation et comme par reflet, et, par suite, ils ne l'ont qu'incomplètement ; si l'on reprend ici la représentation géométrique des trois axes de coordonnées auxquels l'espace est rapporté, on peut dire qu'un tel point est le « Milieu » par rapport à deux de ces axes, qui sont les axes horizontaux déterminant le plan dont il est le centre, mais non par rapport au troisième, c'est-à-dire à l'axe vertical suivant lequel il reçoit cette participation du centre total.

Dans la « Voie du Milieu », telle que nous venons de l'entendre, il n'y a « ni droite ni gauche, ni avant ni arrière, ni haut ni bas » ; et l'on peut voir facilement que, tant que l'être n'est pas parvenu au centre total, les deux premiers seulement de ces trois ensembles de termes complémentaires peuvent devenir inexistants pour lui. En effet, dès que l'être est parvenu au centre de son état de manifestation, il est au-delà de toutes les oppositions contingentes qui résultent des vicissitudes du *yin* et du *yang* [413], et dès lors il n'y a plus « ni droite ni gauche » ; en outre, la succession temporelle a disparu, transmuée en simultanéité au point central et « primordial » de l'état humain[414] (et il en serait naturellement de même de tout autre mode de succession, s'il s'agissait des conditions d'un autre état d'existence), et ainsi l'on peut dire, suivant ce que nous avons exposé à propos du « triple temps », qu'il n'y a plus « ni avant ni arrière » ; mais il y a toujours « haut et bas » par rapport à ce point, et même dans tout le parcours de l'axe vertical, et c'est pourquoi ce dernier n'est encore la « Voie du Milieu » que dans un sens relatif. Pour qu'il n'y ait « ni haut ni bas », il faut que le point où l'être se situe soit identifié effectivement au centre de tous les états ; de ce point part, s'étendant indéfiniment et également dans tous les sens, le « vortex sphérique universel » dont nous avons parlé ailleurs[415], et qui est la « Voie » suivant laquelle s'écoulent les modifications de toutes choses ; mais ce « vortex » lui-même, n'étant en réalité que le déploiement des possibilités du point central, doit être conçu comme tout entier contenu en lui principiellement[416], car, au point de vue principiel (qui n'est aucun point de vue particulier et « distinctif »), c'est le centre qui est le tout. C'est pourquoi, suivant la parole de Lao-tseu, « la voie qui est une voie (pouvant être parcourue) n'est pas la Voie (absolue)[417] », car, pour l'être qui s'est établi effectivement au centre total et universel, c'est ce point unique lui-même, et lui seul, qui est véritablement la « Voie » hors de laquelle il n'est rien.

[1] *Le Symbolisme de la Croix*, ch. XXVIII.

[2] On trouvera des détails sur l'organisation dont il s'agit, son rituel et ses symboles (notamment les symboles numériques dont elle fait usage), dans l'ouvrage du lieutenant-colonel B. Favre sur *Les Sociétés secrètes en Chine* ; cet ouvrage est écrit d'un point de vue profane, mais l'auteur a du moins entrevu certaines choses qui échappent ordinairement aux sinologues, et, s'il est loin d'avoir résolu toutes les questions soulevées à ce propos, il a cependant le mérite de les avoir posées assez nettement. — Voir aussi d'autre part Matgioi, *La Voie rationnelle*, ch. VII.

[3] *Aperçus sur l'Initiation*, ch. XII.

[4] Il faut noter que *jen* signifie à la fois « homme » et « humanité » ; et en outre, au point de vue des applications à l'ordre social, c'est la « solidarité » de la race, dont la réalisation pratique est un des buts contingents que se propose l'organisation en question.

[5] Notamment les « Trois Fleuves » (*San-ho*) et les « Trois Points » (*San-tien*) ; l'usage de ce dernier vocable est évidemment un des motifs par lesquels certains ont été amenés à rechercher des rapports entre la « Triade » et les organisations initiatiques occidentales telles que la Maçonnerie et le Compagnonnage.

[6] Cette distinction essentielle ne devra jamais être perdue de vue par ceux qui voudront consulter le livre du lieutenant-colonel B. Favre que nous avons cité, et où elle est malheureusement négligée, si bien que l'auteur semble considérer toutes ces appellations comme équivalentes purement et simplement ; en fait, la plupart des détails qu'il donne au sujet de la « Triade » ne concernent réellement qu'une de ses émanations, la *Hong-houei* ; en particulier, c'est seulement celle-ci, et non point la *Tien-ti-houei* elle-même, qui peut n'avoir été fondée que vers la fin du XVIIe ou

le début du XVIIIe siècle, c'est-à-dire à une date somme toute fort récente.

[7] Voir *Aperçus sur l'Initiation*, ch. XII et XLVI.

[8] Cf. *Aperçus sur l'Initiation*, ch. VI.

[9] Y compris même parfois celles qui sont le plus complètement étrangères à l'Extrême-Orient, comme le Christianisme, ainsi qu'on peut le voir par le cas de l'association de la « Grande Paix » ou *Tai-ping*, qui fut une des émanations récentes de la *Pe-lien-houei* que nous allons mentionner tout à l'heure.

[10] L'idée du prétendu « syncrétisme » des « sociétés secrètes » chinoises est un cas particulier du résultat obtenu par ce moyen, lorsque l'observateur du dehors se trouve être un Occidental moderne.

[11] Nous disons « l'autre » parce qu'il n'y en a effectivement que deux, toutes les associations connues extérieurement n'étant en réalité que des branches ou des émanations de l'une ou de l'autre.

[12] Transcription chinoise du mot sanscrit *Dhyâna*, « contemplation » ; cette école est plus ordinairement connue sous la désignation de *Zen*, qui est la forme japonaise du même mot.

[13] Il est vrai que l'initiation comme telle n'est devenue nécessaire qu'à partir d'une certaine période du cycle de l'humanité terrestre, et par suite de la dégénérescence spirituelle de la généralité de celle-ci ; mais tout ce qu'elle comporte constituait antérieurement la partie supérieure de la Tradition primordiale, de même que, analogiquement et par rapport à un cycle beaucoup plus restreint dans le temps et dans l'espace, tout ce qui est impliqué dans le Taoïsme constituait tout d'abord la partie supérieure de la tradition une qui existait en Extrême-Orient avant la séparation de ses deux aspects ésotérique et exotérique.

[14] On sait que la constitution de ces deux branches distinctes de la tradition extrême-orientale date du VIe siècle avant l'ère chrétienne, époque à laquelle vécurent Lao-tseu et Confucius.

[15] Parmi les différents ternaires qu'envisage la tradition hindoue, celui qu'on pourrait peut-être rapprocher le plus valablement de la Trinité chrétienne à certains égards, bien que le point de vue soit naturellement encore très différent, est celui de *Sat-Chit-Ananda* (voir *L'Homme et son devenir selon le Védânta*, ch. XIV).

[16] Ce que nous disons ici à propos des groupes de trois termes s'applique tout aussi bien à ceux qui en contiennent un autre nombre, et qui sont souvent associés de la même façon arbitraire, simplement parce que le nombre de leurs termes est le même, et sans que la nature réelle de ces termes soit prise en considération. Il en est même qui, pour découvrir des correspondances imaginaires, vont jusqu'à fabriquer artificiellement des groupements n'ayant traditionnellement aucun sens : un exemple typique en ce genre est celui de Malfatti de Montereggio, qui, dans sa *Mathèse*, ayant rassemblé les noms de dix principes fort hétérogènes pris çà et là dans la tradition hindoue, a cru y trouver un équivalent des dix *Sephiroth* de la Kabbale hébraïque.

[17] C'est à ce même genre de ternaires qu'appartiennent aussi les anciennes triades égyptiennes, dont la plus connue est celle d'Osiris, Isis et Horus.

[18] Remarquons incidemment que c'est à tort qu'on semble croire généralement que la tradition chrétienne n'envisage aucun ternaire autre que la Trinité ; on pourrait au contraire en trouver bien d'autres, et nous en avons ici un des exemples les plus importants.

[19] Ceci est particulièrement manifeste dans la figuration symbolique des « Vierges noires », la couleur noire étant ici le symbole de

l'indistinction de la *materia prima*.

[20] Nous rappellerons une fois de plus, à ce propos, que nous n'entendons aucunement contester l'« historicité » de certains faits comme tels, mais que, tout au contraire, nous considérons les faits historiques eux-mêmes comme des symboles d'une réalité d'ordre plus élevé, et que c'est seulement à ce titre qu'ils ont pour nous quelque intérêt.

[21] La mère de l'*Avatâra* est *Mâyâ*, qui est la même chose que *Prakriti* ; nous n'insisterons pas sur le rapprochement que certains ont voulu faire entre les noms *Mâyâ* et *Maria*, et nous ne le signalons qu'à titre de simple curiosité.

[22] Voir *L'Homme et son devenir selon le Vêdânta*, ch. IV.

[23] On verra tout à l'heure pourquoi, dans cette seconde figure, nous indiquons les trois termes par les nombres 2-3-4, et non par les nombres 1-2-3 comme dans la première.

[24] C'est ce que précise encore, dans les deux figures, le sens des flèches, allant, dans la première, du sommet supérieur vers la base, et, dans la seconde, de la base vers le sommet inférieur ; on pourrait dire aussi que le nombre 3 des termes se décompose en 1 + 2 dans le premier cas et en 2 + 1 dans le second, et il apparaît clairement ici que, si ces deux ensembles sont équivalents au point de vue quantitatif, ils ne le sont nullement au point de vue qualitatif.

[25] Et aussi, bien entendu, des termes de toutes les autres dualités plus particulières, qui ne sont jamais en somme que des spécifications de celle-là, de sorte que, directement ou indirectement, elles sont toutes dérivées en définitive du même principe.

[26] Cette indistinction principielle ne doit pas être confondue avec l'indistinction potentielle qui est seulement celle de la Substance ou de la

materia prima.

[27] Il doit être bien entendu qu'il ne s'agit aucunement ici d'une antériorité temporelle, ni d'une succession dans un mode quelconque de la durée.

[28] Le caractère *ki* est celui qui désigne littéralement le « faîte » d'un édifice ; aussi *Tai-i* est-il dit symboliquement résider dans l'Étoile polaire, qui est effectivement le « faîte » du Ciel visible, et qui, comme telle, représente naturellement celui du Cosmos tout entier.

[29] *Wou-ki* correspond, dans la tradition hindoue, au *Brahma* neutre et suprême (*Para-Brahma*), et *Tai-ki* à *Îshwara* ou au *Brahma* « non-suprême » (*Apara-Brahma*).

[30] Au-dessus de tout autre principe, il y a encore le *Tao*, qui, en son sens le plus universel, est à la fois Non-Être et Être, mais qui d'ailleurs n'est pas réellement différent du Non-Être en tant que celui-ci contient l'Être, qui est lui-même le principe premier de toute manifestation, et qui se polarise en Essence et Substance (ou Ciel et Terre) pour produire effectivement cette manifestation.

[31] La figure ainsi formée a certaines propriétés géométriques assez remarquables que nous signalerons en passant : les deux triangles équilatéraux opposés par leur base s'inscrivent dans deux circonférences égales dont chacune passe par le centre de l'autre ; la corde joignant leurs points d'intersection est naturellement la base commune des deux triangles, et les deux arcs sous-tendus par cette corde et limitant la partie commune aux deux cercles forment la figure appelée *mandorla* (amande) ou *vesica piscis*, bien connue dans le symbolisme architectural et sigillaire du moyen âge. — Dans l'ancienne Maçonnerie opérative anglaise, le nombre total des degrés de ces deux circonférences, soit $360 \times 2 = 720$, fournissait la réponse à la question relative à la longueur du *cable-tow* ;

nous ne pouvons traduire ce terme spécial, d'abord parce qu'il n'a aucun équivalent exact en français, et ensuite parce qu'il présente phonétiquement un double sens qui évoque (par assimilation à l'arabe *qabeltu*) l'engagement initiatique, de sorte qu'il exprime, pourrait-on dire, un « lien » dans tous les sens de ce mot.

[32] Cette figure peut être considérée comme résultant de la projection de chacun des triangles précédents sur un plan perpendiculaire au sien et passant par sa base.

[33] *Le Règne de la Quantité et les Signes des Temps*, ch. XXX.

[34] Dans cette figure, nous représentons le terme supérieur (le Ciel) par un cercle et le terme inférieur (la Terre) par un carré, ce qui est, comme on le verra, conforme aux données de la tradition extrême-orientale ; quant au terme médian (l'Homme), nous le représentons par une croix, celle-ci étant, comme nous l'avons exposé ailleurs, le symbole de l'« Homme Universel » (cf. *Le Symbolisme de la Croix*).

[35] C'est pourquoi le « faîte du Ciel » (*Tien-ki*) est aussi, comme nous l'indiquions dans une note précédente, celui du Cosmos tout entier.

[36] Nous avons indiqué ailleurs pourquoi le nombre « dix mille » est pris pour représenter symboliquement l'indéfini (*Les Principes du Calcul infinitésimal*, ch. IX). — Au sujet du Ciel qui « couvre », nous rappellerons qu'un symbolisme identique est inclus dans le mot grec *Ouranos*, équivalent du sanscrit *Varuna*, de la racine *var*, « couvrir », et aussi dans le latin *Caelum*, dérivé de *caelare*, « cacher » ou « couvrir » (voir *Le Roi du Monde*, ch. VII).

[37] L'« opération du Saint-Esprit », dont nous parlions plus haut, est parfois désignée en langage théologique par le terme *obumbratio*, qui exprime au fond la même idée.

[38] Le mot anglais *ground* rendrait encore plus exactement et plus complètement que le mot français correspondant ce que nous voulons dire ici.

[39] Cf. la signification étymologique du mot « substance », littéralement « ce qui se tient dessous ».

[40] Ceci nous permettra notamment de comprendre, par la suite, comment le rôle de « médiateur » peut réellement être attribué à la fois à l'« homme véritable » et à l'« homme transcendant », tandis que, sans cette remarque, il semblerait qu'il ne doive l'être qu'à ce dernier exclusivement.

[41] Cf. *Le Symbolisme de la Croix*, ch. XXIII. — Le premier des deux points de vue indiqués ici est proprement métaphysique, tandis que le second est plutôt d'ordre cosmologique, et, plus précisément, il constitue le point de départ même de toute cosmologie traditionnelle.

[42] Voir *Le Symbolisme de la Croix*, ch. VI.

[43] Nous verrons que cette perpendiculaire a encore d'autres significations correspondant à des points de vue différents ; mais nous n'envisageons pour le moment que la représentation géométrique du complémentarisme du Ciel et de la Terre.

[44] La figure formée par la verticale et l'horizontale ainsi disposées est aussi un symbole bien connu jusqu'à nos jours dans la Maçonnerie anglo-saxonne, quoiqu'il soit de ceux que la Maçonnerie dite « latine » n'a pas conservés. Dans le symbolisme constructif en général, la verticale est représentée par la perpendiculaire ou fil à plomb et l'horizontale par le niveau. — Au même symbolisme correspond aussi une disposition similaire des deux lettres *alif* et *ba* de l'alphabet arabe.

[45] *Le Règne de la Quantité et les Signes des Temps*, ch. XX.

[46] Dans la géométrie à trois dimensions, la sphère correspond naturellement au cercle et le cube au carré.

[47] Il faut rapprocher de ceci le fait que, dans les symboles de certains grades maçonniques, l'ouverture du compas, dont les branches correspondent aux côtés latéraux du triangle de la fig. 7, mesure un quart de cercle, dont la corde est le côté du carré inscrit.

[48] C'est par une application similaire du sens inverse que le Paradis terrestre, qui est aussi le point de communication du Ciel et de la Terre, apparaît à la fois comme situé à l'extrémité du monde suivant le point de vue « extérieur » et à son centre suivant le point de vue « intérieur » (voir *Le Règne de la Quantité et les Signes des Temps*, ch. XXIII).

[49] Cet axe s'identifie naturellement avec le rayon vertical de la figure précédente ; mais, à ce point de vue, ce rayon, au lieu de correspondre au Ciel lui-même, représente seulement la direction suivant laquelle l'influence du Ciel agit sur la Terre.

[50] C'est pourquoi, comme nous le verrons plus loin, l'axe vertical est aussi la « Voie du Ciel » (*Tien-Tao*).

[51] Cette assimilation apparaîtrait comme immédiatement évidente dans une langue telle que l'arabe, où le ventre est *el-batn* et l'intérieur *el-bâten*, le dos *ez-zahr* et l'extérieur *ez-zâher*.

[52] Sur la valeur symbolique des monnaies dans les civilisations traditionnelles en général, voir *Le Règne de la Quantité et les Signes des Temps*, ch. XVI.

[53] Il est à peine besoin de faire remarquer que les caractères sont les noms des êtres, et que par conséquent ils représentent ceux-ci d'une façon toute naturelle, surtout lorsqu'il s'agit d'une écriture idéographique comme c'est le cas pour la langue chinoise.

[54] L'expression *Tien-hia*, littéralement « sous le Ciel », est employée couramment en chinois pour désigner l'ensemble du Cosmos.

[55] Il ne faudrait donc pas interpréter ici cette distinction de la lumière et de l'ombre en termes de « bien » et de « mal » comme on le fait parfois ailleurs, par exemple dans le Mazdéisme.

[56] Il peut sembler étrange, à première vue, que le côté *yang* soit le versant sud d'une montagne, mais le côté nord d'une vallée ou la berge nord d'un fleuve (le côté *yin* étant naturellement toujours le côté opposé à celui-là) ; mais il suffit de considérer la direction des rayons solaires, venant du Sud, pour se rendre compte que c'est bien en effet, dans tous les cas, le côté éclairé qui est ainsi désigné comme *yang*.

[57] La médecine traditionnelle chinoise, en particulier, est en quelque sorte basée tout entière sur la distinction du *yang* et du *yin* : toute maladie est due à un état de déséquilibre, c'est-à-dire à un excès de l'un de ces deux termes par rapport à l'autre ; il faut donc renforcer ce dernier pour rétablir l'équilibre, et on atteint ainsi la maladie dans sa cause même, au lieu de se borner à traiter des symptômes plus ou moins extérieurs et superficiels comme le fait la médecine profane des Occidentaux modernes.

[58] C'est pourquoi, suivant une formule maçonnique, l'initié doit savoir « déceler la lumière dans les ténèbres (le *yang* dans le *yin*) et les ténèbres dans la lumière (le *yin* dans le *yang*) ».

[59] Exprimée sous cette forme, la chose est immédiatement compréhensible pour la mentalité extrême-orientale ; mais nous devons reconnaître que, sans les explications que nous avons données précédemment à ce sujet, le lien ainsi établi entre les deux propositions serait de nature à dérouter singulièrement la logique spéciale des Occidentaux.

[60] *Aperçus sur l'Initiation*, ch. XLVI.

[61] On peut trouver quelque chose d'analogue à ceci dans le fait que, suivant le symbolisme de l'enchaînement des cycles, les états inférieurs de l'existence apparaissent comme antécédents par rapport aux états supérieurs ; c'est pourquoi la tradition hindoue représente les *Asuras* comme antérieurs aux *Dêvas*, et décrit d'autre part la succession cosmogonique des trois *gunas* comme s'effectuant dans l'ordre *tamas, rajas, sattwa*, donc allant de l'obscurité à la lumière (voir *Le Symbolisme de la Croix*, ch. V, et aussi *L'Ésotérisme de Dante*, ch. VI).

[62] De même aussi que le premier et le dernier des huit trigrammes (*koua*), qui comprennent pareillement trois traits pleins et trois traits brisés ; chaque hexagramme est formé par la superposition de deux trigrammes semblables ou différents, ce qui donne en tout soixante-quatre combinaisons.

[63] Cette figure est habituellement placée au centre des huit trigrammes disposés circulairement.

[64] *Le Symbolisme de la Croix*, ch. XXII. — À cet égard, la partie *yin* et la partie *yang* représentent respectivement la trace des états inférieurs et le reflet des états supérieurs par rapport à un état donné de l'existence, tel que l'état individuel humain, ce qui s'accorde strictement avec ce que nous indiquions tout à l'heure sur la relation de l'enchaînement des cycles avec la considération du *yin* comme antérieur au *yang*.

[65] La figure considérée comme plane correspond à la section diamétrale de l'« Œuf du Monde », au niveau de l'état d'existence par rapport auquel est envisagé l'ensemble de la manifestation.

[66] Les deux moitiés sont délimitées par une ligne sinueuse, indiquant une interpénétration des deux éléments, tandis que, si elles l'étaient par un diamètre, on pourrait y voir plutôt une simple juxtaposition. — Il est à remarquer que cette ligne sinueuse est formée de deux demi-

circonférences dont le rayon est la moitié de celui de la circonférence formant le contour de la figure, et dont la longueur totale est par conséquent égale à la moitié de celle de cette circonférence, de sorte que chacune des deux moitiés de la figure est enveloppée par une ligne égale en longueur à celle qui enveloppe la figure totale.

[67]   *Tai-i* est le *Tao* « avec un nom », qui est « la mère des dix mille êtres » (*Tao-te-king*, ch. Ier). — Le *Tao* « sans nom » est le Non-Être, et le *Tao* « avec un nom » est l'Être : « S'il faut donner un nom au *Tao* (bien qu'il ne puisse réellement être nommé), on l'appellera (comme équivalent approximatif) la Grande Unité. »

[68]   Certains veulent naturellement, conformément aux tendances modernes, n'y voir qu'un motif simplement « décoratif » ou « ornemental » ; mais ils oublient ou ignorent que toute « ornementation » a originairement un caractère symbolique bien qu'elle ait pu, par une sorte de « survivance », continuer à être employée à des époques où ce caractère avait cessé d'être compris.

[69]   Élie Lebasquais, *Tradition hellénique et Art grec*, dans les *Études traditionnelles*, numéro de décembre 1935.

[70]   La double spirale est l'élément principal de certains talismans très répandus dans les pays islamiques ; dans une des formes les plus complètes, les deux points dont il s'agit sont marqués par des étoiles qui sont les deux pôles ; sur une verticale médiane qui correspond au plan de séparation des deux hémisphères, et respectivement au-dessus et au-dessous de la ligne qui joint les deux spirales l'une à l'autre, sont le Soleil et la Lune ; enfin, aux quatre angles sont quatre figures quadrangulaires correspondant aux quatre éléments, identifiés ainsi aux quatre « angles » (*arkân*) ou fondements du monde.

[71]   Cf. *Le Symbolisme de la Croix*, ch. X.

[72] Ceux qui se plaisent à chercher des points de comparaison avec les sciences profanes pourraient, pour une application d'ordre « microcosmique », rapprocher ces figurations du phénomène de la « caryokinèse », point de départ de la division cellulaire ; mais il est bien entendu que, pour notre part, nous n'attribuons à tous les rapprochements de ce genre qu'une importance fort relative.

[73] Voir *L'Homme et son devenir selon le Vêdânta*, ch. XX. — L'« Axe du Monde » et l'axe de l'être humain (représenté corporellement par la colonne vertébrale) sont également désignés l'un et l'autre, en raison de leur correspondance analogique, par le terme *Mêru-danda*.

[74] Cf. *Le Règne de la Quantité et les Signes des Temps*, ch. XXX.

[75] Cf. *Le Roi du Monde*, ch. III.

[76] Pour expliquer la formation du caducée, on dit que Mercure vit deux serpents qui se battaient (figure du chaos), et qu'il les sépara (distinction des contraires) avec une baguette (détermination d'un axe suivant lequel s'ordonnera le chaos pour devenir le Cosmos), autour de laquelle ils s'enroulèrent (équilibre des deux forces contraires, agissant symétriquement par rapport à l'« Axe du Monde »). Il faut remarquer aussi que le caducée (*kêrukeion*, insigne des hérauts) est considéré comme l'attribut caractéristique de deux fonctions complémentaires de Mercure ou Hermès : d'une part, celle d'interprète ou de messager des Dieux, et, d'autre part, celle de « psychopompe », conduisant les êtres à travers leurs changements d'états, ou dans les passages d'un cycle d'existence à un autre ; ces deux fonctions correspondent en effet respectivement aux deux sens descendant et ascendant des courants représentés par les deux serpents.

[77] Cf. *Aperçus sur l'Initiation*, ch. XLVII.

[78] On sait que celui-ci était représenté, en fait, par l'oursin fossile.

[79] Cette association a été signalée par Ananda K. Coomaraswamy dans son étude *Angel and Titan* (sur les rapports des *Dêvas* et des *Asuras*). — Dans l'art chinois, la forme de la spirale apparaît notamment dans la figuration du « double chaos » des eaux supérieures et inférieures (c'est-à-dire des possibilités informelles et formelles), souvent en rapport avec le symbolisme du Dragon (voir *Les États multiples de l'être*, ch. XII).

[80] Le cygne rappelle d'ailleurs le serpent par la forme de son cou ; il est donc, à certains égards, comme une combinaison des deux symboles de l'oiseau et du serpent, qui apparaissent souvent comme opposés ou comme complémentaires.

[81] On sait d'autre part, en ce qui concerne les autres traditions, que le symbolisme du cygne était lié notamment à celui de l'Apollon hyperboréen.

[82] Pour préciser cette signification, les Dioscures sont figurés avec des coiffures de forme hémisphérique.

[83] C'est notamment la signification des noms d'*Arjuna* et de *Krishna*, qui représentent respectivement *jîvâtmâ* et *Paramâtmâ*, ou le « moi » et le « Soi », l'individualité et la personnalité, et qui, comme tels, peuvent être mis en rapport l'un avec la Terre et l'autre avec le Ciel.

[84] On pourra rapprocher ceci de ce que nous avons indiqué dans une note précédente à propos de l'enchaînement des cycles.

[85] Cf. l'étude de Ananda K. Coomaraswamy déjà citée plus haut. — Dans le symbolisme bien connu du « barattement de la mer », les *Dêvas* et les *Asuras* tirent en sens contraires le serpent enroulé autour de la montagne qui représente l'« Axe du Monde ».

[86] Nous avons déjà signalé ce rapport dans *L'Ésotérisme de Dante*.

[87] Voir *Le Symbolisme de la Croix*, ch. XXII.

[88] Bien entendu, cela n'empêche pas le cercle de représenter par lui-même un aspect « dynamique » relativement au carré, ainsi que nous l'avons dit plus haut ; la considération des deux points de vue « dynamique » et « statique » implique toujours, par leur corrélation même, une question de rapports. — Si, au lieu d'envisager l'ensemble de la manifestation universelle, on se bornait à un monde, c'est-à-dire à l'état correspondant au plan de la figure supposé horizontal, les deux moitiés de celle-ci représenteraient respectivement, dans tous les cas, le reflet des états supérieurs et la trace des états inférieurs dans ce monde, comme nous l'avons déjà indiqué précédemment à propos du *yin-yang*.

[89] Bien entendu, nous ne prenons le mot « évolution » que dans son sens strictement étymologique, qui n'a rien de commun avec l'emploi qui en est fait dans les théories « progressistes » modernes.

[90] Il est au moins curieux que Léon Daudet ait pris le symbole de la double spirale pour « schéma de l'ambiance » (*Courriers des Pays-Bas* : voir la figure dans *Les Horreurs de la Guerre*, et les considérations sur l'« ambiance » dans *Melancholia*) : il envisage l'un des deux pôles comme « point de départ » et l'autre comme « point d'arrivée », de sorte que le parcours de la spirale doit être regardé comme centrifuge d'un côté et comme centripète de l'autre, ce qui correspond bien aux deux phases « évolutive » et « involutive » ; et ce qu'il appelle « ambiance » n'est pas autre chose au fond que la « lumière astrale » de Paracelse, qui comporte précisément l'ensemble des deux courants inverses de la force cosmique que nous considérons ici.

[91] Nous faisons ici allusion notamment au symbolisme des signes du 18e degré de la Maçonnerie écossaise, et aussi à celui du rite du « calumet » chez les Indiens de l'Amérique du Nord, qui comporte trois mouvements successifs se rapportant respectivement au Ciel, à la Terre et

à l'Homme, et pouvant se traduire par « solution », « coagulation » et « assimilation ».

[92] L'ordre de succession des deux phases à ce point de vue montre d'ailleurs encore pourquoi le *yin* est ici avant le *yang*.

[93] Ceci trouve de nombreuses applications dans le domaine des sciences traditionnelles ; une des plus inférieures parmi ces applications est celle qui se rapporte à l'« appel » et au « renvoi » des « influences errantes » au début et à la fin d'une opération magique.

[94] C'est la « mort » à un état et la « naissance » à un autre état, considérées comme les deux faces opposées et inséparables d'une même modification de l'être (voir *Le Symbolisme de la Croix*, ch. XXII, et *Aperçus sur l'Initiation*, ch. XXVI).

[95] *Aperçus sur l'Initiation*, ch. XLVII.

[96] C'est pourquoi *Tai-ki*, bien qu'étant supérieur au Ciel aussi bien qu'à la Terre et antérieur à leur distinction, apparaît cependant pour nous comme le « faîte du Ciel ».

[97] On pourra rapprocher ceci des considérations que nous avons exposées dans *Les Principes du Calcul infinitésimal*, ch. XVII.

[98] Suivant les commentateurs du *Tao-te-king*, cette alternance des états de vie et de mort est « le va-et-vient de la navette sur le métier à tisser cosmique » ; cf. *Le Symbolisme de la Croix*, ch. XIV, où nous avons également rapporté les autres comparaisons des mêmes commentateurs avec la respiration et avec la révolution lunaire.

[99] On dit aussi dans le même sens « rendre le manifeste occulte et l'occulte manifeste ».

[100] *Qorân*, VI, 95 ; sur l'alternance des vies et des morts et le retour final au Principe, cf. II, 28.

[101] Pour comprendre les raisons de cette restriction, on n'aura qu'à se reporter à ce que nous avons expliqué dans nos *Aperçus sur l'Initiation*, ch. XLII.

[102] Au degré le plus élevé, ce « retournement » est en étroit rapport avec ce que le symbolisme kabbalistique désigne comme le « déplacement des lumières », et aussi avec cette parole que la tradition islamique met dans la bouche des *awliyâ* : « Nos corps sont nos esprits, et nos esprits sont nos corps » (*ajsâmnâ arwâhnâ, wa arwâhnâ ajsâmnâ*). — D'autre part, en vertu de ce même « retournement », on peut dire que, dans l'ordre spirituel, c'est l'« intérieur » qui enveloppe l'« extérieur », ce qui achève de justifier ce que nous avons dit précédemment au sujet des rapports du Ciel et de la Terre.

[103] On dit d'ailleurs en latin *potestas ligandi et solvendi* ; la « ligature », au sens littéral, se retrouve dans l'usage magique des nœuds, qui a pour contrepartie celui des pointes en ce qui concerne la « dissolution ».

[104] Voir *Autorité spirituelle et pouvoir temporel*, ch. V et VIII, et aussi, sur la relation des « grands mystères » et des « petits mystères » avec l'« initiation sacerdotale » et l'« initiation royale » respectivement, *Aperçus sur l'Initiation*, ch. XXXIX et XL.

[105] On peut dire cependant, en un certain sens, que le pouvoir de « lier » prévaut dans la clef qui correspond au temporel, et celui de « délier » dans la clef qui correspond au spirituel, car le temporel et le spirituel sont *yin* et *yang* l'un par rapport à l'autre ; cela pourrait d'ailleurs se justifier, même extérieurement, en parlant de « contrainte » dans le premier domaine et de « liberté » dans le second.

[106] Il existe diverses variantes de cette figure ; la forme que nous reproduisons ici se trouve notamment, à côté du *swastika* ordinaire, sur un vase étrusque du Musée du Louvre. — Voir une figuration chrétienne

similaire au *swastika* clavigère dans l'introduction de Mgr Devoucoux à l'*Histoire de l'antique cité d'Autun* du chanoine Edme Thomas, p. XLVI.

[107] Il faudrait, en toute rigueur, dire un axe relativement vertical et un axe relativement horizontal l'un par rapport à l'autre, le *swastika* lui-même devant être regardé comme tracé dans un plan horizontal (voir *Le Symbolisme de la Croix*, ch. X). — La clef est un symbole essentiellement « axial », de même que le bâton ou le sceptre, qui, dans certaines figurations de Janus, remplace celle des deux clefs qui correspond au pouvoir temporel ou aux « petits mystères ».

[108] Dans les figurations les plus habituelles de Janus (*Janus Bifrons*), les deux visages, entre autres significations, correspondent aux deux solstices ; mais il existe aussi, quoique plus rarement, des figurations de Janus à quatre visages (*Janus Quadrifrons*), correspondant aux deux solstices et aux deux équinoxes, et présentant une assez singulière ressemblance avec le *Brahmâ Chaturmukha* de la tradition hindoue.

[109] Notons en passant qu'on pourrait tirer de là certaines conséquences en ce qui concerne la signification de la prédominance attribuée aux solstices dans certaines formes traditionnelles et aux équinoxes dans certaines autres, notamment pour la fixation du début de l'année ; nous dirons seulement que le point de vue solsticial a en tout cas un caractère plus « primordial » que le point de vue équinoxial.

[110] Cette symétrie est particulièrement manifeste aussi dans le cas des deux serpents du caducée.

[111] La médecine, relevant chez les anciens de l'« art sacerdotal », correspond par là à une position verticale de la double spirale, en tant qu'elle met en action, comme nous l'avons indiqué plus haut, les forces respectives du *yang* et du *yin*. Cette double spirale verticale est représentée par le serpent enroulé en S autour du bâton d'Esculape, et qui d'ailleurs,

dans ce cas, est figuré seul pour exprimer que la médecine ne met en œuvre que l'aspect « bénéfique » de la force cosmique. — Il est à remarquer que le terme de « spagyrie », qui désigne la médecine hermétique, exprime formellement, par sa composition, la double opération de « solution » et de « coagulation » ; l'exercice de la médecine traditionnelle est donc proprement, dans un ordre particulier, une application du « pouvoir des clefs ».

[112] *Vajra* est le mot sanscrit ; la forme thibétaine est *dorje*.

[113] Il est à la fois « foudre » et « diamant », par une double acception du même mot, et, dans l'une et l'autre de ces deux significations, il est encore un symbole « axial ».

[114] C'est ce que figurent aussi certaines armes à double tranchant, notamment, dans le symbolisme de la Grèce archaïque, la double hache, dont la signification peut d'ailleurs être rapprochée de celle du caducée. — D'autre part, la foudre était représentée dans la tradition scandinave par le marteau de Thor, auquel on peut assimiler le maillet du Maître dans le symbolisme maçonnique ; celui-ci est donc encore un équivalent du *vajra*, et, comme lui, il a le double pouvoir de donner la vie et la mort, ainsi que le montre son rôle dans la consécration initiatique d'une part et dans la légende d'Hiram d'autre part.

[115] Ceux-ci s'assimilent en effet, dans la correspondance spatiale du cycle annuel, au Nord (hiver) et au Sud (été), tandis que les deux équinoxes s'assimilent à l'Est (printemps) et à l'Ouest (automne) ; ces relations ont notamment une grande importance, au point de vue rituel, dans la tradition extrême-orientale.

[116] Son complémentaire féminin est, dans la tradition hindoue, la conque (*shankha*), et, dans la tradition thibétaine, la clochette rituelle (*dilbu*), sur laquelle se voit souvent une figure féminine qui est celle de la

Prâjnâ- pâramitâ ou « Sagesse transcendante » dont elle est le symbole, tandis que le *vajra* est celui de la « Méthode » ou de la « Voie ».

[117] Les Lamas tiennent le *vajra* de la main droite et la clochette de la main gauche ; ces deux objets rituels ne doivent jamais être séparés.

[118] On trouve parfois, dans le symbolisme thibétain, une figure formée de deux *vajras* croisés, qui est évidemment un équivalent du *swastika ;* les quatre pointes correspondent alors exactement aux quatre clefs du *swastika* clavigère.

[119] Dans d'anciens manuscrits provenant de la Maçonnerie opérative, il est question, sans autre explication, d'une certaine *faculty of abrac ;* ce mot énigmatique *abrac*, qui a donné lieu à diverses interprétations plus ou moins fantaisistes, et qui est en tout cas un mot manifestement déformé, paraît bien devoir signifier en réalité la foudre ou l'éclair (en hébreu *ha-baraq*, en arabe *el-barq*), de sorte que, là encore, il s'agirait proprement du pouvoir du *vajra*. On peut facilement comprendre, par tout cela, en vertu de quel symbolisme le pouvoir de provoquer des orages a été souvent regardé, chez les peuples les plus divers, comme une sorte de conséquence de l'initiation.

[120] C'est pourquoi, dans le symbolisme maçonnique, la Loge est censée n'avoir aucune fenêtre s'ouvrant du côté du Nord, d'où ne vient jamais la lumière solaire, tandis qu'elle en a sur les trois autres côtés, qui correspondent aux trois « stations » du Soleil.

[121] Dans les cartes et les plans chinois, le Sud est placé en haut et le Nord en bas, l'Est à gauche et l'Ouest à droite, ce qui est conforme à la seconde orientation ; cet usage n'est d'ailleurs pas aussi exceptionnel qu'on pourrait le croire, car il existait aussi chez les anciens Romains et subsista même pendant une partie du moyen âge occidental.

[122] Le « conseiller de droite » (*iou-siang*) avait alors un rôle plus important que le « conseiller de gauche » (*tso*-siang).

[123] La succession des dynasties, par exemple, correspond à une succession des éléments dans un certain ordre, les éléments eux-mêmes étant en relation avec les saisons et avec les points cardinaux.

[124] *Tao-te-king*, ch. XXXI.

[125] *Li-ki*.

[126] Cette correspondance, qui est strictement conforme à la nature des choses, est commune à toutes les traditions ; il est donc incompréhensible que des modernes qui se sont occupés de symbolisme lui aient souvent substitué d'autres correspondances fantaisistes et tout à fait injustifiables. Ainsi, pour en donner un seul exemple, le tableau quaternaire placé à la fin du *Livre de l'Apprenti* d'Oswald Wirth fait bien correspondre l'été au Sud et l'hiver au Nord, mais le printemps à l'Occident et l'automne à l'Orient ; et il s'y trouve encore d'autres correspondances, notamment en ce qui concerne les âges de la vie humaine, qui sont brouillées d'une façon à peu près inextricable.

[127] On peut également rapprocher de ceci ce texte du *Yi-king* : « Le Sage a le visage tourné vers le Sud et écoute l'écho de ce qui est sous le Ciel (c'est-à-dire du Cosmos), il l'éclaire et le gouverne. »

[128] Il peut d'ailleurs y avoir encore d'autres modes d'orientation que ceux que nous venons d'indiquer, entraînant naturellement des adaptations différentes, mais qu'il est toujours facile de faire concorder entre elles : ainsi, dans l'Inde, si le côté de la droite (*dakshina*) est le Sud, c'est que l'orientation est prise en regardant le Soleil à son lever, c'est-à-dire en se tournant vers l'Orient ; mais, du reste, ce mode actuel d'orientation n'empêche aucunement de reconnaître la primordialité de

l'orientation « polaire », c'est-à-dire prise en se tournant vers le Nord, qui est désigné comme le point le plus haut (*uttara*).

[129] *Tcheou-li*.

[130] Nous rappellerons encore que le « mouvement » n'est ici qu'une représentation purement symbolique.

[131] Il en est d'ailleurs de même pour deux personnes placées l'une en face de l'autre, et c'est pourquoi il est dit : « tu adoreras ta droite, où est la gauche de ton frère (le côté de son cœur) » (*Phan-khoa-Tu* cité par Matgioi, *La Voie rationnelle*, ch. VII).

[132] C'est ainsi que, dans la figure de l'« arbre séphirothique » de la Kabbale, la « colonne de droite » et la « colonne de gauche » sont celles qu'on a respectivement à sa droite et à sa gauche en regardant la figure.

[133] Par exemple, Plutarque rapporte que « les Égyptiens considèrent l'Orient comme le visage du monde, le Nord comme en étant la droite, et le Midi la gauche » (*Isis et Osiris*, 32 ; traduction Mario Meunier, p. 112) ; en dépit des apparences, ceci coïncide exactement avec la désignation hindoue du Midi comme le « côté de la droite », car il est facile de se représenter le côté gauche du monde comme s'étendant vers la droite de celui qui le contemple et inversement.

[134] De là viennent par exemple, dans le symbolisme maçonnique, les divergences qui se sont produites au sujet de la situation respective des deux colonnes placées à l'entrée du Temple de Jérusalem ; la question est pourtant assez facile à résoudre en se reportant directement aux textes bibliques, à la condition de savoir que, en hébreu, la « droite » signifie toujours le Sud et la « gauche » le Nord, ce qui implique que l'orientation est prise, comme dans l'Inde, en se tournant vers l'Est. Ce même mode d'orientation est d'ailleurs également celui qui, en Occident, était pratiqué

par les constructeurs du moyen âge pour déterminer l'orientation des églises.

[135] La croix tracée dans le cercle, et dont nous aurons à reparler plus loin, marque ici la direction des quatre points cardinaux ; conformément à ce que nous avons expliqué, le Nord est placé en haut dans la première figure et le Sud dans la seconde.

[136] Il n'est peut-être pas sans intérêt de remarquer que le sens de ces circumambulations, allant respectivement de droite à gauche (fig. 13) et de gauche à droite (fig. 14), correspond également à la direction de l'écriture dans les langues sacrées de ces mêmes formes traditionnelles. — Dans la Maçonnerie, sous sa forme actuelle, le sens des circumambulations est « solaire » mais il paraît avoir au contraire été tout d'abord « polaire » dans l'ancien rituel opératif, selon lequel le « trône de Salomon » était d'ailleurs placé à l'Occident et non à l'Orient, afin de permettre à son occupant de « contempler le Soleil à son lever ».

[137] L'interversion qui s'est produite au sujet de cet ordre de marche dans certains Rites maçonniques est d'autant plus singulière qu'elle est en désaccord manifeste avec le sens des circumambulations ; les indications que nous venons de donner fournissent évidemment la règle correcte à observer dans tous les cas.

[138] On trouvera un exemple de la représentation de ce parcours par une circumambulation dans les considérations relatives au *Ming-tang* que nous exposerons plus loin.

[139] Sur le caractère qualitatif des directions de l'espace, qui est le principe même sur lequel repose l'importance traditionnelle de l'orientation, et sur les relations qui existent entre les déterminations spatiales et temporelles, on pourra aussi se reporter aux explications que

nous avons données dans *Le Règne de la Quantité et les Signes des Temps*, ch. IV et V.

[140] Marcel Granet, *La Pensée chinoise*, pp. 154-155 et 198-199. — Comme nous l'avons déjà signalé ailleurs (*Le Règne de la Quantité et les Signes des Temps*, ch. V), ce livre contient une multitude de renseignements fort intéressants, et le chapitre consacré aux nombres y est particulièrement important ; il faut seulement avoir soin de ne le consulter qu'au point de vue « documentaire » et de ne pas tenir compte des interprétations « sociologiques » de l'auteur, interprétations qui renversent généralement les rapports réels des choses, car ce n'est pas l'ordre cosmique qui a été conçu, comme il se l'imagine, sur le modèle des institutions sociales, mais ce sont bien au contraire celles-ci qui ont été établies en correspondance avec l'ordre cosmique lui-même.

[141] Nous trouverons un tel exemple plus loin, et encore dans la tradition extrême-orientale, au sujet de l'équerre et du compas.

[142] *Le Règne de la Quantité et les Signes des Temps*, ch. XXI.

[143] On se rappellera ici ce que nous avons indiqué précédemment, que le Ciel et la Terre ne peuvent effectivement s'unir que par le centre.

[144] *Tsien-Han-chou*.

[145] Pour les Pythagoriciens, 5 était le « nombre nuptial », en tant que somme du premier nombre pair ou féminin et du premier nombre impair ou masculin ; quant au caractère « conjonctif » du nombre 6, il suffit de rappeler à cet égard la signification de la lettre *waw* en hébreu et en arabe, ainsi que la figure du « sceau de Salomon » qui correspond géométriquement à ce nombre. — Sur le symbolisme de ces nombres 5 et 6, voir aussi *Le Symbolisme de la Croix*, ch. XXVIII.

[146] De ce mode même de formation des deux nombres résulte naturellement l'échange du pair et de l'impair, car la somme d'un nombre

pair et d'un nombre impair est forcément impaire, tandis que le produit d'un nombre pair par un nombre impair est forcément pair. — La somme de deux nombres ne peut être paire que si ces nombres sont tous deux pairs ou tous deux impairs ; quant au produit, pour qu'il soit impair, il faut que ses deux facteurs soient l'un et l'autre impairs.

[147] *Le Règne de la Quantité et les Signes des Temps*, ch. III.

[148] Il faut entendre ces « regards » à la fois dans l'ordre sensible et dans l'ordre intellectuel, suivant qu'il s'agit des influences terrestres, qui sont « à l'extérieur », ou des influences célestes, qui sont « à l'intérieur », ainsi que nous l'avons déjà expliqué plus haut.

[149] C'est ici qu'apparaissent comme instruments de la mesure, au point de vue « céleste » et au point de vue « terrestre » respectivement (c'est-à-dire sous le rapport des influences correspondantes), le compas et l'équerre dont nous parlerons plus loin.

[150] Il se produit d'ailleurs encore ici un nouvel échange, en ce que, dans certains cas, le nombre 10 est attribué au Ciel et le nombre 12 à la Terre, comme pour marquer une fois de plus leur interdépendance par rapport à la manifestation ou à l'ordre cosmique proprement dit, sous la double forme des relations spatiales et temporelles ; mais nous n'insisterons pas davantage sur ce point, qui nous entraînerait trop loin de notre sujet. Nous signalerons seulement, comme cas particulier de cet échange, que, dans la tradition chinoise, les jours sont comptés par périodes décimales et les mois par périodes duodécimales ; or dix jours sont « dix soleils », et douze mois sont « douze lunes » ; les nombres 10 et 12 sont donc rapportés ainsi respectivement le premier au Soleil, qui est *yang* ou masculin, correspondant au Ciel, au feu et au Sud, et le second à la Lune, qui est *yin* ou féminine, correspondant à la Terre, à l'eau et au Nord.

[151] Ce terme *tcheng* est, dans le *Yi-king*, le dernier de la formule tétragrammatique de *Wen-wang* (voir Matgioi, *La Voie métaphysique*, ch. V).

[152] *Tsien-Han-chou*.

[153] Voir *L'Ésotérisme de Dante*, ch. VII.

[154] Dans les traditions hermétique et kabbalistique, 11 est la synthèse du « microcosme » et du « macrocosme », représentés respectivement par les nombres 5 et 6, qui correspondent aussi, dans une autre application connexe de celle-là, à l'homme individuel et à l'« Homme Universel » (ou à l'homme terrestre et à l'Homme céleste, pourrait-on dire encore pour relier ceci aux données de la tradition extrême-orientale). — Puisque nous avons parlé des nombres 10 et 12, nous noterons encore l'importance qu'a, au point de vue kabbalistique, leur somme 22 (double ou premier multiple de 11), qui est, comme on le sait, le nombre des lettres de l'alphabet hébraïque.

[155] On en retrouve même la trace jusque dans le rituel d'une organisation aussi complètement déviée vers l'action extérieure que l'est le Carbonarisme ; ce sont d'ailleurs de tels vestiges, naturellement incompris en pareil cas, qui témoignent de l'origine réellement initiatique d'organisations arrivées ainsi à un extrême degré de dégénérescence (voir *Aperçus sur l'Initiation*, ch. XII).

[156] Nous ne parlerons pas présentement de l'« homme transcendant », que nous nous réservons d'envisager plus loin ; c'est pourquoi il ne peut être encore question ici que de notre état d'existence, et non de l'Existence universelle dans son intégralité.

[157] Cette expression de « Véritable Ancêtre » est une de celles qui se rencontrent parmi les désignations de la *Tien-ti-houei*.

[158] Voir *Le Symbolisme de la Croix*, ch. II et XXVIII.

[159] *Tao-te-king*, ch. IV. — C'est l'homme « fait à l'image de Dieu », ou plus exactement d'*Elohim*, c'est-à-dire des puissances célestes, et qui d'ailleurs ne peut être réellement tel que s'il est l'« Androgyne » constitué par le parfait équilibre du *yang* et du *yin*. Suivant les paroles mêmes de la Genèse (1, 27) : « *Elohim* créa l'homme à Son image (littéralement « Son ombre », c'est-à-dire Son reflet) ; à l'image d'*Elohim* Il le créa ; mâle et femelle Il les créa », ce qui se traduit dans l'ésotérisme islamique par l'équivalence numérique de *Adam wa Hawâ* avec *Allah* (cf. *Le Symbolisme de la Croix*, ch. III).

[160] Le terme chinois *Jen* peut se traduire également, comme nous l'avons déjà indiqué, par l'« Homme » et par l'« Humanité », celle-ci étant entendue avant tout comme la nature humaine, et non pas comme la simple collectivité des hommes ; dans le cas de l'« homme véritable », « Homme » et « Humanité » sont pleinement équivalents, puisqu'il a réalisé intégralement la nature humaine dans toutes ses possibilités.

[161] C'est pourquoi, suivant le symbolisme de la *Genèse* (II, 19-20), Adam pouvait « nommer » véritablement tous les êtres de ce monde, c'est-à-dire définir, au sens le plus complet de ce mot (impliquant détermination et réalisation tout à la fois), la nature propre de chacun d'eux, qu'il connaissait immédiatement et intérieurement comme une dépendance de sa nature même. — En cela comme en toutes choses, le Souverain, dans la tradition extrême-orientale, doit jouer un rôle correspondant à celui de l'« homme primordial » : « Un prince sage donne aux choses les noms qui leur conviennent, et chaque chose doit être traitée d'après la signification du nom qu'il lui donne » (*Liun-yu*, ch. XIII).

[162] Cette dernière restriction est nécessitée par la distinction qui doit être faite entre l'« homme véritable » et l'« homme transcendant », ou entre l'homme individuel parfait comme tel et l'« Homme Universel ».

[163] Voir notamment *Aperçus sur l'Initiation*, ch. XXXIX.

[164] Cf. *Le Symbolisme de la Croix*, ch. XXVIII, et *Aperçus sur l'Initiation*, ch. XLVI.

[165] On pourrait dire qu'il n'appartient déjà plus à ce monde, mais que c'est au contraire ce monde qui lui appartient.

[166] Il est au moins curieux de voir, en Occident et au XVIIIe siècle, Martines de Pasqually revendiquer pour lui-même la qualité d'« homme véritable » ; que ce soit à tort ou à raison, on peut en tout cas se demander comment il avait eu connaissance de ce terme spécifiquement taoïste, qui d'ailleurs semble bien être le seul qu'il ait jamais employé.

[167] Cf. *L'Homme et son devenir selon le Vêdânta*, ch. XII et XIV.

[168] Nous signalerons incidemment, à ce propos, que les caractères « paternel » et « maternel » eux-mêmes dont nous avons parlé dans le chapitre précédent sont parfois transposés d'une façon similaire : lorsqu'il est question par exemple des « Pères d'en haut » et des « Mères d'en bas », ainsi que cela se rencontre notamment dans certains traités arabes, les « Pères » sont les Cieux envisagés distinctivement, c'est-à-dire les états informels ou spirituels dont un être tel que l'individu humain tient son essence, et les « Mères » sont les éléments dont est constitué le « monde sublunaire », c'est-à-dire le monde corporel qui est représenté par la Terre en tant qu'il fournit à ce même être sa substance, ces termes d'« essence » et de « substance » étant naturellement pris ici en un sens relatif et particularisé.

[169] On pourra se souvenir notamment ici du « médiateur plastique » de Cudworth.

[170] Bien que « statique » s'oppose habituellement à « dynamique », nous préférons ne pas employer ici ce mot « dynamique », qui, sans être absolument impropre, n'exprimerait pas assez clairement ce dont il s'agit.

[171] Voir *Le Règne de la Quantité et les Signes des temps*, ch. XXXV.

[172] Cf. le début des *Rasâïl Ikhwân Eç-Çafâ*, qui contient un exposé très clair de cette doctrine pythagoricienne.

[173] Il importe de remarquer que nous disons « formatrice » et non pas « créatrice » ; cette distinction prendra son sens le plus précis si l'on considère que les quatre termes du quaternaire pythagoricien peuvent être mis respectivement en correspondance avec les « quatre mondes » de la Kabbale hébraïque.

[174] Rappelons à ce propos que, suivant la doctrine hindoue, *Buddhi*, qui est l'Intellect pur et qui, comme telle, correspond au *Spiritus* et à la manifestation informelle, est elle-même la première des productions de *Prakriti*, en même temps qu'elle est aussi, d'autre part, le premier degré de la manifestation d'*Atmâ* ou du Principe transcendant (voir *L'Homme et son devenir selon le Védânta*, ch. VII).

[175] Voir *Le Symbolisme de la Croix*, ch. XXIV.

[176] Le rayon lumineux et le plan de réflexion correspondent exactement à la ligne verticale et à la ligne horizontale prises pour symboliser respectivement le Ciel et la Terre (voir plus haut, fig. 7).

[177] Il va de soi que c'est d'une antériorité logique qu'il s'agit ici essentiellement, les trois termes étant d'ailleurs envisagés en simultanéité comme éléments constitutifs de l'être.

[178] Ces dernières remarques peuvent permettre de comprendre que, dans le symbolisme hermétique du 28e degré de la Maçonnerie écossaise, le *Spiritus* et l'*Anima* soient représentés respectivement par les figures du Saint-Esprit et de la Vierge, ce qui est une application d'ordre moins universel que celle qui fait correspondre ceux-ci à *Purusha* et à *Prakriti* comme nous le disions au début. Il faut d'ailleurs ajouter que, dans ce cas, ce qui est envisagé comme le produit des deux termes en question n'est

pas le corps, mais quelque chose d'un autre ordre, qui est la Pierre philosophale, souvent assimilée en effet symboliquement au Christ ; et, à ce point de vue, leur relation est encore plus strictement conforme à la notion du complémentarisme proprement dit qu'en ce qui concerne la production de la manifestation corporelle.

[179] Cf. *Le Règne de la Quantité et les Signes des Temps*, ch. XX.

[180] En comparant cette figure à la figure 8, on constatera que l'image schématique du « monde intermédiaire » apparaît en quelque sorte comme un « retournement » de celle de l'ensemble du Cosmos ; il serait possible de déduire de cette observation, en ce qui concerne les lois de la manifestation subtile, certaines conséquences assez importantes, mais que nous ne pouvons songer à développer ici.

[181] Il est à peine besoin de dire qu'il ne s'agit aucunement ici des corps qui portent les mêmes noms dans la chimie vulgaire, ni d'ailleurs de corps quelconques, mais bien de principes.

[182] Signalons à ce propos que le mot grec *theion*, qui est la désignation du Soufre, signifie aussi en même temps « divin ».

[183] Nous retrouverons plus loin cette considération de la volonté à propos du ternaire « Providence, Volonté, Destin ». — L'« homme transcendant », c'est-à-dire celui qui a réalisé en lui-même l'« Homme Universel » (*el-insânul-kâmil*), est, dans le langage de l'hermétisme islamique, désigné lui-même comme le « Soufre rouge » (*el-kebrîtul- ahmar*), qui est aussi représenté symboliquement par le Phénix ; entre lui et l'« homme véritable » ou « homme primordial » (*el-insânul-qadîm*), la différence est celle qui existe entre l'« œuvre au rouge » et l'« œuvre au blanc », correspondant à la perfection respective des « grands mystères » et des « petits mystères ».

[184] C'est pourquoi on trouve aussi, parmi ses différentes désignations, celle d'« humide radical ».

[185] On se rappellera ici ce que nous avons indiqué plus haut au sujet de la double spirale regardée comme « schéma de l'ambiance » ; le Mercure des hermétistes est en somme la même chose que la « lumière astrale » de Paracelse, ou ce que certains auteurs plus récents, comme Éliphas Lévi, ont appelé plus ou moins justement le « grand agent magique », quoique, en réalité, sa mise en œuvre dans le domaine des sciences traditionnelles soit fort loin de se limiter à cette application d'ordre inférieur qui constitue la magie au sens propre de ce mot, ainsi que le montrent d'ailleurs suffisamment les considérations que nous avons exposées à propos de la « solution » et de la « coagulation » hermétiques. — Cf. aussi, sur la différence de l'hermétisme et de la magie, *Aperçus sur l'Initiation*, ch. XLI.

[186] Les courants de force subtile peuvent d'ailleurs donner effectivement une impression de ce genre à ceux qui les perçoivent, et ce peut même être là une des causes de l'illusion « fluidique » si commune à leur sujet, sans préjudice des raisons d'un autre ordre qui ont aussi contribué à donner naissance à cette illusion ou à l'entretenir (cf. *Le Règne de la Quantité et les Signes des Temps*, ch. XVIII).

[187] C'est alors ce que les hermétistes appellent le Mercure « animé » ou « double », pour le distinguer du Mercure ordinaire, c'est-à-dire pris purement et simplement tel qu'il est en lui-même.

[188] Il y a analogie avec la formation d'un sel au sens chimique de ce mot, en ce que celui-ci est produit par la combinaison d'un acide, élément actif, et d'un alcali, élément passif, qui jouent respectivement, dans ce cas spécial, des rôles comparables à ceux du Soufre et du Mercure, mais qui, bien entendu, diffèrent essentiellement de ceux-ci en ce qu'ils sont des

corps et non des principes ; le sel est neutre et se présente généralement sous la forme cristalline, ce qui peut achever de justifier la transposition hermétique de cette désignation.

[189] C'est la « pierre cubique » du symbolisme maçonnique ; il faut d'ailleurs préciser qu'il s'agit en cela de la « pierre cubique » ordinaire, et non de la « pierre cubique à pointe » qui symbolise proprement la Pierre philosophale, la pyramide qui surmonte le cube représentant un principe spirituel qui vient se fixer sur la base constituée par le Sel. On peut remarquer que le schéma plan de cette « pierre cubique à pointe », c'est-à-dire le carré surmonté du triangle, ne diffère du signe alchimique du Soufre que par la substitution du carré à la croix ; les deux symboles ont la même correspondance numérique, 7 = 3 + 4, où le septénaire apparaît comme composé d'un ternaire supérieur et d'un quaternaire inférieur, relativement « céleste » et « terrestre » l'un par rapport à l'autre ; mais le changement de la croix en carré exprime la « fixation » ou la « stabilisation », en une « entité » permanente, de ce que le Soufre ordinaire ne manifestait encore qu'à l'état de virtualité, et qu'il n'a pu réaliser effectivement qu'en prenant un point d'appui dans la résistance même que lui oppose le Mercure en tant que « matière de l'œuvre ».

[190] Par ce que nous avons indiqué dans la note précédente, on peut dès lors comprendre l'importance du corps (ou d'un élément « terminant » correspondant à celui-ci dans les conditions d'un autre état d'existence) comme « support » de la réalisation initiatique. — Ajoutons à ce propos que, si c'est le Mercure qui est tout d'abord la « matière de l'œuvre » comme nous venons de le dire, le Sel le devient aussi ensuite et sous un autre rapport, ainsi que le montre la formation du symbole de la « pierre cubique à pointe » ; c'est à quoi se réfère la distinction que font

les hermétistes entre leur « première matière » et leur « matière prochaine ».

[191] À ce point de vue, la transformation de la « pierre brute » en « pierre cubique » représente l'élaboration que doit subir l'individualité ordinaire pour devenir apte à servir de « support » ou de « base » à la réalisation initiatique ; la « pierre cubique à pointe » représente l'adjonction effective à cette individualité d'un principe d'ordre supra-individuel, constituant la réalisation initiatique elle-même, qui peut d'ailleurs être envisagée d'une façon analogue et par conséquent être représentée par le même symbole à ses différents degrés, ceux-ci étant toujours obtenus par des opérations correspondantes entre elles, bien qu'à des niveaux différents, comme l'« œuvre au blanc » et l'« œuvre au rouge » des alchimistes.

[192] Pour l'exposé détaillé de cette représentation géométrique, nous renverrons comme toujours à notre étude sur *Le Symbolisme de la Croix*.

[193] Nous disons ici « corps-âme » plutôt que « corps-esprit », parce que, en fait, c'est toujours l'âme qui en pareil cas est prise abusivement pour l'esprit, celui-ci demeurant complètement ignoré en réalité.

[194] Cf. *Les États multiples de l'être*, ch. III.

[195] Ceci se rapporte au point de vue qui correspond au sens horizontal dans la représentation géométrique ; si l'on envisage les choses dans le sens vertical, cette solidarité de tous les êtres apparaît comme une conséquence de l'unité principielle même dont toute existence procède nécessairement.

[196] Ces conditions sont ce qu'on appelle parfois des « causes occasionnelles », mais il va de soi que ce ne sont point là des causes au vrai sens de ce mot, bien qu'elles puissent en présenter l'apparence quand on s'en tient au point de vue le plus extérieur ; les véritables causes de

tout ce qui arrive à un être sont toujours, au fond, les possibilités qui sont inhérentes à la nature même de cet être, c'est-à-dire quelque chose d'ordre purement intérieur.

[197] Cf. ce que nous avons dit ailleurs, à propos des qualifications initiatiques, sur les infirmités d'origine apparemment accidentelle (*Aperçus sur l'Initiation*, ch. XIV).

[198] Il convient de dire que la mort corporelle ne coïncide pas forcément avec un changement d'état au sens strict de ce mot, et qu'elle peut ne représenter qu'un simple changement de modalité à l'intérieur d'un même état d'existence individuelle ; mais, toutes proportions gardées, les mêmes considérations s'appliquent également dans les deux cas.

[199] Ou d'une partie de ces conditions lorsqu'il s'agit seulement d'un changement de modalité, comme le passage à une modalité extra-corporelle de l'individualité humaine.

[200] Il est à remarquer que, en sanscrit, le mot *jâti* signifie à la fois « naissance » et « espèce » ou « nature spécifique ».

[201] Naturellement, le cas de la caste ne fait nullement exception ici ; cela résulte d'ailleurs, plus visiblement que pour tout autre cas, de la définition de la caste comme étant l'expression même de la nature individuelle (*varna*) et ne faisant pour ainsi dire qu'un avec celle-ci, ce qui indique bien qu'elle n'existe qu'autant que l'être est envisagé dans les limites de l'individualité, et que, si elle existe nécessairement tant qu'il y est contenu, elle ne saurait par contre subsister pour lui au-delà de ces mêmes limites, tout ce qui constitue sa raison d'être se trouvant exclusivement à l'intérieur de celles-ci et ne pouvant être transporté dans un autre domaine d'existence, où la nature individuelle dont il s'agit ne répond plus à aucune possibilité.

[202] C'est d'ailleurs là, d'une façon générale, le principe même de toutes les applications « divinatoires » des sciences traditionnelles.

[203] On peut aussi voir dans ces mêmes paroles, au point de vue proprement initiatique, une indication très nette de la double réalisation « ascendante » et « descendante » ; mais c'est là encore un point que nous ne pouvons songer à développer présentement.

[204] À ce propos, nous ferons remarquer incidemment que, la descente des influences célestes étant souvent symbolisée par la pluie, il est facile de comprendre quel est en réalité le sens profond des rites qui ont pour but apparent de « faire la pluie » ; ce sens est évidemment tout à fait indépendant de l'application « magique » qu'y voit uniquement le vulgaire, et qu'il ne s'agit d'ailleurs pas de nier, mais seulement de réduire à sa juste valeur de contingence d'ordre très inférieur. — Il est intéressant de noter que ce symbolisme de la pluie a été conservé, à travers la tradition hébraïque, jusque dans la liturgie catholique elle-même : « *Rorate Coeli desuper, et nubes pluant Justum* » (*Isaïe*, XLV, 8) ; le « Juste » dont il s'agit ici peut être regardé comme le « médiateur » qui « redescend du Ciel en Terre », ou comme l'être qui, ayant effectivement la pleine possession de sa nature céleste, apparaît en ce monde comme l'*Avatâra*.

[205] Il est bien entendu que, quant au fond, l'accord s'étend à toutes les traditions sans exception ; mais nous voulons dire que le mode même d'expression dont il s'agit ici n'est pas exclusivement propre à la seule tradition extrême-orientale.

[206] Ceci peut d'ailleurs s'appliquer analogiquement à des niveaux différents, suivant que l'on considère la manifestation universelle tout entière, ou seulement un état particulier de manifestation, c'est-à-dire un monde, ou même un cycle plus ou moins restreint dans l'existence de ce monde : dans tous les cas, il y aura toujours au point de départ quelque

chose qui correspondra, en un sens plus ou moins relatif, à la « séparation du Ciel et de la Terre ».

[207] Sur la signification de cet axe vertical, cf. *Le Symbolisme de la Croix*, ch. XXIII.

[208] Dans l'ésotérisme islamique, on dit d'un tel être qu'il « soutient le monde par sa seule respiration ».

[209] Nous disons « expressions » en tant que ces rites représentent symboliquement la fonction dont il s'agit ; mais il faut bien comprendre que, en même temps, c'est par l'accomplissement de ces mêmes rites que l'homme remplit effectivement et consciemment cette fonction ; c'est là une conséquence immédiate de l'efficacité propre qui est inhérente aux rites, et sur laquelle nous nous sommes suffisamment expliqué ailleurs pour n'avoir pas besoin d'y insister de nouveau (voir *Aperçus sur l'Initiation*).

[210] En termes spécifiquement chrétiens, c'est l'union de la nature divine et de la nature humaine dans le Christ, qui a bien effectivement ce caractère de « médiateur » par excellence (cf. *Le Symbolisme de la Croix*, ch. XXVIII). — La conception de l'« Homme Universel » étend à la manifestation tout entière, par transposition analogique, ce rôle que l'« homme véritable » exerce seulement, en fait, par rapport à un état particulier d'existence.

[211] La surface plane, comme telle, est naturellement en rapport direct avec la ligne droite, élément du carré, l'une et l'autre pouvant également se définir, d'une façon négative, par l'absence de courbure.

[212] C'est pourquoi le diagramme appelé *Lo-chou* fut, dit-on, présenté à Yu le Grand par une tortue ; et c'est aussi de là que dérive l'usage qui est fait de la tortue dans certaines applications spéciales des sciences traditionnelles, notamment dans l'ordre « divinatoire ».

[213] Sur les rapports du point et de l'étendue, cf. *Le Symbolisme de la Croix*, ch. XVI et XXIX.

[214] *Le Règne de la Quantité et les Signes des Temps*, ch. XX.

[215] Nous avons déjà insisté en d'autres occasions sur la distinction qu'il faut faire, d'une façon générale, entre une fonction traditionnelle et l'être qui la remplit, ce qui est attaché proprement à la première étant indépendant de ce que le second vaut en lui-même et comme individu (voir notamment *Aperçus sur l'Initiation*, ch. XLV).

[216] Comme la tortue au symbolisme de laquelle il était rattaché, ainsi que nous le verrons, par la figuration du *Lo-chou* qui en fournissait le plan.

[217] Cet axe n'est pas toujours représenté visiblement dans les édifices traditionnels que nous venons de mentionner, mais, qu'il le soit ou non, il n'en joue pas moins un rôle capital dans leur construction, qui s'ordonne en quelque sorte tout entière par rapport à lui.

[218] Ce détail, qui se retrouve dans d'autres cas et notamment dans celui du *stûpa*, a beaucoup plus d'importance qu'on ne pourrait le croire au premier abord, car, au point de vue initiatique, il se rapporte à la représentation symbolique de la « sortie du Cosmos ».

[219] Nous ferons remarquer que, en anglais, le même mot *square* désigne à la fois l'équerre et le carré ; en chinois également, le mot *fang* a les deux significations.

[220] La façon dont le compas et l'équerre sont disposés l'un par rapport à l'autre, dans les trois degrés de la *Craft Masonry*, montre les influences célestes dominées d'abord par les influences terrestres, puis s'en dégageant graduellement et finissant par les dominer à leur tour.

[221] Lorsque cette position est inversée, le symbole prend une signification particulière qui doit être rapprochée de l'inversion du

symbole alchimique du Soufre pour représenter l'accomplissement du « Grand Œuvre », ainsi que du symbolisme de la 12ᵉ lame du Tarot.

[222] L'Étoile flamboyante est une étoile à cinq branches, et 5 est le nombre du « microcosme » ; cette assimilation est d'ailleurs expressément indiquée dans le cas où la figure même de l'homme est représentée dans l'étoile (la tête, les bras et les jambes s'identifiant à ses cinq branches), comme on le voit notamment dans le pentagramme d'Agrippa.

[223] Suivant un ancien rituel, « l'Étoile flamboyante est le symbole du Maçon (on pourrait dire plus généralement de l'initié) resplendissant de lumière au milieu des ténèbres (du monde profane) ». — Il y a là une allusion évidente à ces paroles de l'Évangile de saint Jean (I, 5) : « *Et Lux in tenebris lucet, et tenebrae eam non comprehenderunt.* »

[224] Ce n'est donc pas sans raison que la Loge des Maîtres est appelée la « Chambre du Milieu ».

[225] En rapport avec la formule maçonnique que nous venons de citer, on peut remarquer que l'expression chinoise « sous le Ciel » (*Tien-hia*), que nous avons déjà mentionnée et qui désigne l'ensemble du Cosmos, est susceptible de prendre, au point de vue proprement initiatique, un sens particulier, correspondant au « Temple du Saint-Esprit, qui est partout », et où se réunissent les Rose-Croix, qui sont aussi les « hommes véritables » (cf. *Aperçus sur l'Initiation*, ch. XXXVII et XXXVIII). — Nous rappellerons aussi à ce propos que « le Ciel couvre », et que précisément les travaux maçonniques doivent s'effectuer « à couvert », la Loge étant d'ailleurs une image du Cosmos (cf. *Le Roi du Monde*, ch. VII).

[226] *Aperçus sur l'Initiation*, ch. XXXIX.

[227] Le triangle tient ici la place du carré, étant comme lui une figure rectiligne, et cela ne change rien au symbolisme dont il s'agit.

[228] En toute rigueur, il ne s'agit pas ici des termes mêmes qui sont ainsi désignés dans la Grande Triade, mais de quelque chose qui y correspond à un certain niveau et qui est compris à l'intérieur de l'Univers manifesté, comme dans le cas du *Tribhuvana*, mais avec cette différence que la Terre, en tant qu'elle représente l'état humain dans son intégralité, doit être regardée comme comprenant à la fois la Terre et l'Atmosphère ou « région intermédiaire » du *Tribhuvana*.

[229] La voûte céleste est la véritable « voûte de perfection » à laquelle il est fait allusion dans certains grades de la Maçonnerie écossaise ; nous espérons d'ailleurs pouvoir développer dans une autre étude les considérations de symbolisme architectural qui se rapportent à cette question.

[230] *Le Règne de la Quantité et les Signes des Temps*, ch. XX.

[231] Par contre, une telle interversion des attributs n'existe pas dans la figuration du *Rebis* hermétique, où le compas est tenu par la moitié masculine, associée au Soleil, et l'équerre par la moitié féminine, associée à la Lune. — Au sujet des correspondances du Soleil et de la Lune, on pourra se reporter ici à ce que nous avons dit dans une note précédente à propos des nombres 10 et 12, et aussi, d'autre part, aux paroles de la *Table d'Émeraude* : « Le Soleil est son père, la Lune est sa mère », qui se rapportent précisément au *Rebis* ou à l'« Androgyne », celui-ci étant la « chose unique » en laquelle sont rassemblées les « vertus du Ciel et de la Terre » (unique en effet en son essence, bien que double, *res bina*, quant à ses aspects extérieurs, comme la force cosmique dont nous avons parlé plus haut et que rappellent symboliquement les queues de serpents dans la représentation de Fo-hi et de Niu-koua).

[232] M. Granet reconnaît expressément cet échange pour le compas et l'équerre (*La Pensée chinoise*, p. 363) aussi bien que pour les nombres

impairs et pairs ; cela aurait dû lui éviter la fâcheuse erreur de qualifier le compas d'« emblème féminin » comme il le fait par ailleurs (note de la p. 267).

[233] Voir *Le Règne de la Quantité et les Signes des Temps,* ch. XXV.

[234] De l'interversion des attributs entre Fo-hi et Niu-koua, on peut rapprocher le fait que, dans les 3e et 4e lames du Tarot, un symbolisme céleste (étoiles) est attribué à l'Impératrice et un symbolisme terrestre (pierre cubique) à l'Empereur ; en outre, numériquement et par le rang de ces deux lames, l'Impératrice se trouve être en correspondance avec 3, nombre impair, et l'Empereur avec 4, nombre pair, ce qui reproduit encore la même interversion.

[235] Nous reviendrons un peu plus loin sur cette mesure de la Terre, à propos de la disposition du *Ming-tang*.

[236] L'Empire organisé et régi par Fo-hi et ses successeurs était constitué de façon à être, comme la Loge dans la Maçonnerie, une image du Cosmos dans son ensemble.

[237] Le niveau et la perpendiculaire sont les attributs respectifs des deux Surveillants (*Wardens*), et sont mis par là en relation directe avec les deux termes du complémentarisme représenté par les deux colonnes du Temple de Salomon. — Il convient de remarquer encore que, tandis que l'équerre de Fo-hi semble être à branches égales, celle du Vénérable doit au contraire régulièrement avoir des branches inégales ; cette différence peut correspondre, d'une façon générale, à celle des formes du carré et d'un rectangle plus ou moins allongé ; mais, en outre, l'inégalité des branches de l'équerre se réfère plus précisément à un « secret » de Maçonnerie opérative concernant la formation du triangle rectangle dont les côtés sont respectivement proportionnels aux nombres 3, 4 et 5,

triangle dont nous retrouverons d'ailleurs le symbolisme dans la suite de cette étude.

[238] Dans ce cas, il s'agit naturellement de la droite et de la gauche des personnages eux-mêmes, et non pas de celles du spectateur.

[239] Dans la figure du *Rebis*, la moitié masculine est au contraire à droite et la moitié féminine à gauche ; cette figure n'a d'ailleurs que deux mains, dont la droite tient le compas et la gauche l'équerre.

[240] *Tcheou-li*.

[241] Le territoire de la Chine semble avoir été compris alors entre le Fleuve Jaune et le Fleuve Bleu.

[242] Il est au moins curieux de constater la ressemblance singulière qui existe entre le nom et l'épithète de Yu le Grand et ceux du *Hu Gadarn* de la tradition celtique ; faut-il en conclure qu'il y a là comme des « localisations » ultérieures et particularisées d'un même « prototype » qui remonterait beaucoup plus loin, et peut-être jusqu'à la Tradition primordiale elle-même ? Ce rapprochement n'est d'ailleurs pas plus extraordinaire que ce que nous avons rapporté ailleurs au sujet de l'« île des quatre Maîtres » visitée par l'Empereur Yao, dont précisément Yu le Grand fut tout d'abord le ministre (*Le Roi du Monde*, ch. IX).

[243] Cette équerre est à branches égales, comme nous l'avons dit, parce que la forme de l'Empire et celle de ses divisions étaient considérées comme des carrés parfaits.

[244] L'autre diagramme traditionnel, appelé *Ho-tou* ou « Tableau du Fleuve », et dans lequel les nombres sont disposés en « croisée », est rapporté à Fo-hi et au dragon comme le *Lo-chou* l'est à Yu le Grand et à la tortue.

[245] Nous sommes obligés de conserver cette dénomination parce que nous n'en avons pas de meilleure à notre disposition, mais elle a

l'inconvénient de n'indiquer qu'un usage très spécial (en connexion avec la fabrication des talismans) des carrés numériques de ce genre, dont la propriété essentielle est que les nombres contenus dans toutes les lignes verticales et horizontales, ainsi que dans les deux diagonales, donnent toujours la même somme ; dans le cas considéré ici, cette somme est égale à 15.

[246] Si, au lieu des nombres, on place le symbole *yin-yang* (fig. 9) au centre et les huit *koua* ou trigrammes dans les autres régions, on a, sous une forme carrée ou « terrestre », l'équivalent du tableau de forme circulaire ou « céleste » où les *koua* sont rangés habituellement, soit suivant la disposition du « Ciel antérieur » (*Sien-tien*), attribuée à Fo-hi, soit suivant celle du « Ciel postérieur » (*Keou-tien*), attribuée à Wen-wang.

[247] Le produit de 5 par 9 donne 45, qui est la somme de l'ensemble des neuf nombres contenus dans le carré et dont il est le « milieu ».

[248] Nous rappelons à ce propos que 5 + 6 = 11 exprime l'« union centrale du Ciel et de la Terre ». — Dans le carré, les couples de nombres opposés ont tous pour somme 10 = 5 × 2. Il y a lieu de remarquer encore que les nombres impairs ou *yang* sont placés au milieu des côtés (points cardinaux), formant une croix (aspect dynamique), et que les nombres pairs ou *yin* sont placés aux angles (points intermédiaires), délimitant le carré lui-même (aspect statique).

[249] Cf. le royaume de *Mide* ou du « Milieu » dans l'ancienne Irlande ; mais celui-ci était entouré seulement de quatre autres royaumes correspondant aux quatre points cardinaux (*Le Roi du Monde*, ch. IX).

[250] Ce mot doit être pris ici au sens précis qu'a en géométrie le terme de « figures semblables ».

[251] Ce point était, non pas précisément *centrum in trigono centri*, suivant une formule connue dans les initiations occidentales, mais, d'une façon

équivalente, *centrum in quadrato centri*.

[252] On peut trouver d'autres exemples traditionnels d'une semblable « concentration » par degrés successifs, et nous en avons donné ailleurs un qui appartient à la Kabbale hébraïque : « Le Tabernacle de la Sainteté de *Jehovah*, la résidence de la *Shekinah*, est le Saint des Saints qui est le cœur du Temple, qui est lui-même le centre de Sion (Jérusalem), comme la sainte Sion est le centre de la Terre d'Israël, comme la Terre d'Israël est le centre du monde » (cf. *Le Roi du Monde*, ch. VI).

[253] Voir *Le Roi du Monde*, et aussi *Aperçus sur l'Initiation*, ch. X.

[254] Nous avons donné tout à l'heure un exemple d'une telle identification avec le « Centre du Monde » en ce qui concerne la Terre d'Israël ; on peut citer aussi, entre autres, celui de l'ancienne Égypte : suivant Plutarque, « les Égyptiens donnent à leur contrée le nom de *Chêmia* (*Kêmi* ou « terre noire », d'où est venue la désignation de l'alchimie), et la comparent à un cœur » (*Isis et Osiris*, 33 ; traduction Mario Meunier, p. 116) ; cette comparaison, quelles que soient les raisons géographiques ou autres qui aient pu en être données exotériquement, ne se justifie en réalité que par une assimilation au véritable « Cœur du Monde ».

[255] Voir *Le Roi du Monde*, ch. III, et *Le Symbolisme de la Croix*, ch. VII. — C'est là ce qu'était le Temple de Jérusalem pour la tradition hébraïque, et c'est pourquoi le Tabernacle ou le Saint des Saints était appelé *mishkan* ou « habitacle divin » ; le Grand-Prêtre seul pouvait y pénétrer pour remplir, comme l'Empereur en Chine, la fonction de « médiateur ».

[256] La détermination d'un lieu susceptible de correspondre effectivement à cet « Invariable Milieu » relevait essentiellement de la science traditionnelle que nous avons déjà désignée en d'autres occasions sous le nom de « géographie sacrée ».

[257] Il y a lieu de rapprocher le sens de cette désignation du *Ming-tang* de la signification identique qui est incluse dans le mot « Loge », ainsi que nous l'avons indiqué ailleurs (*Aperçus sur l'Initiation*, ch. XLVI), d'où l'expression maçonnique de « lieu très éclairé et très régulier » (cf. *Le Roi du Monde*, ch. III). D'ailleurs, le *Ming-tang* et la Loge sont l'un et l'autre des images du Cosmos (*Loka*, au sens étymologique de ce terme sanscrit), considéré comme le domaine ou le « champ » de manifestation de la Lumière (cf. *Le Règne de la Quantité et les Signes des Temps*, ch. III). — Il faut encore ajouter ici que le *Ming-tang* est figuré dans les locaux d'initiation de la *Tien-ti-houei* (cf. B. Favre, *Les Sociétés secrètes en Chine*, pp. 138-139 et 170) ; une des devises principales de celle-ci est : « Détruire l'obscurité (*tsing*), restaurer la lumière (*ming*) », de même que les Maîtres Maçons doivent travailler à « répandre la lumière et rassembler ce qui est épars » ; l'application qui en a été faite dans les temps modernes aux dynasties *Ming* et *Tsing*, par « homophonie », ne représente qu'un but contingent et temporaire assigné à certaines des « émanations » extérieures de cette organisation, travaillant dans le domaine des activités sociales et même politiques.

[258] Ce sont, dans la tradition hindoue, les deux yeux de *Vaishwâ-nara*, qui sont respectivement en relation avec les deux courants subtils de la droite et de la gauche, c'est-à-dire avec les deux aspects *yang* et *yin* de la force cosmique dont nous avons parlé plus haut (cf. *L'Homme et son devenir selon le Vêdânta*, ch. XIII et XXI) ; la tradition extrême-orientale les désigne aussi comme l'« œil du jour » et l'« œil de la nuit », et il est à peine besoin de faire remarquer que le jour est *yang* et la nuit *yin*.

[259] Nous nous sommes déjà amplement expliqué ailleurs sur la signification proprement initiatique de la « Lumière » (*Aperçus sur l'Initiation*, notamment ch. IV, XLVI et XLVII) ; à propos de la Lumière et

de sa manifestation « centrale », nous rappellerons aussi ici ce qui a été indiqué plus haut au sujet du symbolisme de l'étoile flamboyante, représentant l'homme régénéré résidant dans le « milieu » et placé entre l'équerre et le compas qui, comme la base et le toit du *Ming-tang*, correspondent respectivement à la Terre et au Ciel.

[260]   Pour ces détails, on pourra voir M. Granet, *La Pensée chinoise*, pp. 250-275. — La délimitation rituelle d'une aire telle que celle du *Ming-tang* constituait proprement la détermination d'un *templum* au sens primitif et étymologique de ce mot (cf. *Aperçus sur l'Initiation*, ch. XVII).

[261]   Cette disposition en carré représente, à proprement parler, une projection terrestre du Zodiaque céleste disposé circulairement.

[262]   Cf. *Le Roi du Monde*, ch. XI, et *Le Règne de la Quantité et les Signes des Temps*, ch. XX. — Le plan de la « Jérusalem céleste » est également carré.

[263]   Le temps est d'ailleurs « changé en espace » à la fin du cycle, de sorte que toutes ses phases doivent être alors envisagées en simultanéité (voir *Le Règne de la Quantité et les Signes des Temps*, ch. XXIII).

[264]   Cf. *Le Roi du Monde*, ch. IV et XI, et *Le Symbolisme de la Croix*, ch. IX.

[265]   Ce milieu de l'année se situait à l'équinoxe d'automne quand l'année commençait à l'équinoxe de printemps, comme il en fut généralement dans la tradition extrême-orientale (bien qu'il y ait eu à cet égard, à certaines époques, des changements qui ont dû correspondre aux changements d'orientation dont nous avons parlé plus haut), ce qui est d'ailleurs normal en raison de la localisation géographique de cette tradition, puisque l'Orient correspond au printemps ; nous rappelons à ce propos que l'axe Est-Ouest est un axe équinoxial, tandis que l'axe Nord-Sud est un axe solsticial.

[266] M. Granet paraît n'avoir rien compris aux rapports de l'axe et du centre, car il écrit : « La notion de centre est loin d'être primitive ; elle s'est substituée à la notion d'axe » (*La Pensée chinoise*, p. 104). En réalité, les deux symboles ont toujours coexisté, car ils ne sont nullement équivalents et ne peuvent par conséquent se substituer l'un à l'autre ; c'est là un assez bel exemple des méprises auxquelles peut conduire le parti pris de vouloir tout envisager « historiquement ».

[267] C'est par cette croix que, pour cette raison, nous avons représenté le terme médian de la Triade dans la figure 6.

[268] *Tao-te-king*, ch. XXV. — Remarquons en passant que ce texte suffirait à lui seul pour réfuter l'opinion de ceux des orientalistes qui, prenant tout dans un sens « matériel » et confondant le symbole avec la chose symbolisée, s'imaginent que le Ciel et la Terre de la tradition extrême-orientale ne sont pas autre chose que le ciel et la terre visibles.

[269] Cf. *Le Roi du Monde*, ch. IV. — Si l'on veut noter à cet égard des points de comparaison entre diverses traditions, on peut remarquer que c'est en cette qualité qu'Hermès, qui est d'ailleurs représenté comme « roi » et « pontife » tout à la fois, est appelé *trismegistos* ou « trois fois très grand » ; on peut aussi rapprocher de cette désignation celle de « trois fois puissant », employée dans les « grades de perfection » de la Maçonnerie écossaise, et qui implique proprement la délégation d'un pouvoir devant s'exercer dans les trois mondes.

[270] Il suffit pour cela d'un changement de point de vue correspondant à ce que nous avons expliqué précédemment au sujet du *Tribhuvana* comparé à la Triade extrême-orientale.

[271] On remarquera que la qualité de « Seigneur des trois mondes » correspond ici au sens vertical, et celle d'« Homme Unique » au sens horizontal.

[272] Le mot *rex*, « roi », exprime étymologiquement la fonction « régulatrice », mais appliquée d'ordinaire uniquement au point de vue social.

[273] En fait, le sacrifice au Ciel est offert aussi à l'intérieur des organisations initiatiques, mais, dès lors qu'il ne s'agit pas là de rites publics, il n'y a en cela aucune « usurpation » ; aussi les empereurs, quand ils étaient eux-mêmes des initiés, ne pouvaient avoir qu'une seule attitude, qui était d'ignorer officiellement ces sacrifices, et c'est ce qu'ils firent en effet ; mais quand ils ne furent en réalité que de simples profanes, ils s'efforcèrent parfois de les interdire, plus ou moins vainement d'ailleurs, parce qu'ils ne pouvaient comprendre que d'autres qu'eux étaient effectivement et « personnellement » ce qu'eux-mêmes n'étaient que d'une façon symbolique et dans le seul exercice de la fonction traditionnelle dont ils étaient investis.

[274] À propos de la « Voie du Ciel », nous citerons ce texte du *Yi-king* : « Mettre debout la Voie du Ciel s'appelle *yin* avec *yang* ; mettre debout la Voie de la Terre s'appelle mou (*jeou*) avec dur (*jo*) ; mettre debout la Voie de l'Homme s'appelle humanité avec justice (ou bonté avec équité). » C'est, appliquée aux trois termes de la Grande Triade, la neutralisation et l'unification des complémentaires, par laquelle s'obtient le retour à l'indistinction principielle. — Il est à remarquer que les deux complémentaires qui se rapportent à l'Homme coïncident exactement avec les deux colonnes latérales de l'arbre séphirothique de la Kabbale (Miséricorde et Rigueur).

[275] Le mot *ming*, « mandat », est homophone de celui qui signifie « lumière », et aussi d'autres mots signifiant « nom » et « destinée ». — « Le pouvoir du Souverain dérive de celui du Principe ; sa personne est choisie par le Ciel » (*Tchoang-tseu*, ch. XII).

[276] On se reportera ici à ce que nous avons exposé plus haut sur l'Homme comme « Fils du Ciel et de la Terre ».

[277] On admet d'ailleurs que le « mandat du Ciel » peut n'être reçu directement que par le fondateur d'une dynastie, qui le transmet ensuite à ses successeurs ; mais, s'il se produit une dégénérescence telle que ceux-ci viennent à le perdre par défaut de « qualification », cette dynastie doit prendre fin et être remplacée par une autre ; il y a ainsi, dans l'existence de chaque dynastie, une marche descendante qui, à son degré de localisation dans le temps et dans l'espace, correspond d'une certaine façon à celle des grands cycles de l'humanité terrestre.

[278] Cf. *Eç-Çirâtul-mustaqîm* dans la tradition islamique (voir *Le Symbolisme de la Croix*, ch. XXV) ; on peut citer encore ici, entre autres exemples, le pont *Chinvat* du Mazdéisme.

[279] Cf. *Autorité spirituelle et pouvoir temporel*, ch. IV.

[280] On pourrait se demander pourquoi nous ne disons pas plutôt « Pontife-Roi », ce qui semblerait sans doute plus logique à première vue, puisque la fonction « pontificale » ou sacerdotale est supérieure par sa nature à la fonction royale, et qu'on marquerait ainsi sa prééminence en la désignant la première ; si nous préférons cependant dire « Roi-Pontife », c'est que, en énonçant la fonction royale avant la fonction sacerdotale (ce qu'on fait d'ailleurs aussi communément et sans même y penser quand on parle des « Rois-Mages »), nous suivons l'ordre traditionnel dont nous avons parlé à propos du terme *yin-yang*, et qui consiste à exprimer l'« extérieur » avant l'« intérieur », car la fonction royale est évidemment d'ordre plus extérieur que la fonction sacerdotale ; du reste, dans leurs rapports entre eux, le sacerdoce est *yang* et la royauté *yin*, comme Ananda K. Coomaraswamy l'a fort bien montré dans son ouvrage *Spiritual Authority and Temporal Power in the Indian Theory of Government*, et comme

l'indique d'ailleurs, dans le symbolisme des clefs, la position respectivement verticale et horizontale de celles qui représentent ces deux fonctions, ainsi que le fait que la première est d'or, correspondant au Soleil, et la seconde d'argent, correspondant à la Lune.

[281] Cf. *Autorité spirituelle et pouvoir temporel*, ch. I, et aussi, sur la « remontée » du cycle jusqu'à l'« état primordial » dans les « petits mystères », *Aperçus sur l'Initiation*, ch. XXXIX.

[282] Il possède alors ce mandat par transmission, comme nous l'avons indiqué précédemment, et c'est ce qui lui permet, dans l'exercice de sa fonction, de tenir la place de l'« homme véritable » et même de l'« homme transcendant », bien qu'il n'ait pas réalisé « personnellement » les états correspondants. — Il y a là quelque chose de comparable à la transmission de l'influence spirituelle ou *barakah* dans les organisations initiatiques islamiques : par cette transmission, un *Khalîfah* peut tenir la place du *Sheikh* et remplir valablement sa fonction, sans pourtant être parvenu effectivement au même état spirituel que celui-ci.

[283] Cf. *Autorité spirituelle et pouvoir temporel*, ch. IV.

[284] En parlant ici de « canal », nous faisons allusion à un symbolisme qui se rencontre expressément dans différentes traditions ; nous rappellerons à cet égard, non seulement les *nâdîs* ou « canaux » par lesquels, suivant la tradition hindoue, les courants de la force subtile circulent dans l'être humain, mais aussi et surtout, dans la Kabbale hébraïque, les « canaux » de l'arbre séphirothique, par lesquels, précisément, les influences spirituelles se répandent et se communiquent d'un monde à un autre.

[285] La « Voie du Milieu » correspond, dans l'ordre « microcosmique », à l'artère subtile *sushumnâ* de la tradition hindoue, qui aboutit au *Brahma-randhra* (représenté par le point où le mât du char sort du dais, ou le pilier

central du *stûpa* du dôme), et, dans l'ordre « macrocosmique », au « rayon solaire » appelé également *sushumnâ* et avec lequel cette artère est en communication constante ; les deux courants contraires de la force cosmique ont pour correspondance dans l'être humain, comme nous l'avons déjà dit, les deux *nâdîs* de droite et de gauche, *idâ* et *pingalâ* (cf. *L'Homme et son devenir selon le Vêdânta*, ch. XX). — On pourra aussi faire un rapprochement avec la distinction des deux « voies » tantriques de droite et de gauche dont nous avons parlé à propos du *vajra*, et qui, étant représentées par une simple inclinaison du symbole axial dans un sens ou dans l'autre, apparaissent ainsi comme n'étant en réalité que des spécifications secondaires de la « Voie du Milieu ».

[286] Nous renverrons ici à ce qui a été dit plus haut de l'espèce à propos des rapports de l'être et du milieu.

[287] « Dans le corps d'un homme, il n'est plus un homme… Infiniment petit est ce par quoi il est encore un homme (la « trace » dont nous parlerons plus loin), infiniment grand est ce par quoi il est un avec le Ciel » (*Tchoang-tseu*, ch. V).

[288] C'est ce que le Bouddhisme exprime par le terme *anâgamî*, c'est-à-dire « celui qui ne retourne pas » à un autre état de manifestation (cf. *Aperçus sur l'Initiation*, ch. XXXIX).

[289] Cf. *Le Symbolisme de la Croix*, ch. XXVIII.

[290] Ces degrés se trouvent mentionnés notamment dans un texte taoïste datant du IVe ou Ve siècle de l'ère chrétienne (*Wen-tseu*, VII, 18).

[291] On remarquera que, par contre, les étapes qui peuvent exister dans les « grands mystères » ne sont pas énoncées distinctement, car elles sont proprement « indescriptibles » dans les termes du langage humain.

[292] Dans ce degré est comprise toute la hiérarchie des fonctionnaires officiels, qui ne correspond ainsi qu'à ce qu'il y a de plus extérieur dans

l'ordre exotérique lui-même.

[293] Cette « trace » est ce qu'on appellerait, en langage traditionnel occidental, *vestigium pedis* ; nous ne faisons qu'indiquer ce point en passant, car il y a là tout un symbolisme qui demanderait encore d'amples développements.

[294] *Tchoang-tseu*, ch. XI.

[295] Il y a quelque chose de comparable à ceci dans la notion occidentale de l'Empereur suivant la conception de Dante, qui voit dans la « cupidité » le vice initial de tout mauvais gouvernement (cf. notamment *Convito*, IV, 4).

[296] De même, dans la tradition hindoue, le *Chakravartî* ou « monarque universel » est littéralement « celui qui fait tourner la roue », sans participer lui-même à son mouvement.

[297] *Tchoang-tseu*, ch. XII.

[298] Ceci peut achever d'expliquer ce que nous avons dit ailleurs à propos des *Çûfîs* et des Rose-Croix (*Aperçus sur l'Initiation*, ch. XXXVIII).

[299] Cf. *Les États multiples de l'être*, ch. XIII. — « Dans toute constitution hiérarchique, les ordres supérieurs possèdent la lumière et les facultés des ordres inférieurs, sans que ceux-ci aient réciproquement la perfection de ceux-là » (saint Denys l'Aréopagite, *De la Hiérarchie céleste*, ch. V).

[300] Ces conditions sont réalisées lorsqu'il s'agit d'un exotérisme traditionnel authentique, par opposition aux conceptions purement profanes telles que celles de la philosophie moderne.

[301] Rapport de subordination du Cosmos à l'égard du Principe, bien entendu, et non pas rapport de corrélation ; il importe de le remarquer pour éviter jusqu'à la moindre apparence de contradiction avec ce que nous avons dit un peu plus haut.

[302] C'est pourquoi, suivant la « perspective » de la manifestation, le Principe apparaît comme le « faîte du Ciel » (*Tien-ki*), ainsi que nous l'avons dit précédemment. — Il est assez curieux de noter que les missionnaires chrétiens, lorsqu'ils veulent traduire « Dieu » en chinois, le rendent toujours, soit par *Tien*, soit par *Chang-ti*, le « Souverain d'en haut », qui est, sous une autre dénomination, la même chose que le Ciel ; cela semblerait indiquer, probablement sans qu'ils en aient clairement conscience, que, pour eux, le point de vue « théologique » lui-même, au sens le plus propre et le plus complet de ce mot, ne va pas réellement jusqu'au Principe ; ils ont d'ailleurs sans doute tort en cela, mais en tout cas, ils montrent par là les limitations effectives de leur propre mentalité et leur incapacité à distinguer les différents sens que le mot « Dieu » peut avoir dans les langues occidentales, à défaut de termes plus précis comme ceux qui existent dans les traditions orientales. — Au sujet du *Chang-ti*, nous citerons ce texte : « Ciel et Souverain, c'est tout un : on dit Ciel quand on parle de son être ; on dit Souverain quand on parle de son gouvernement. Son être étant immense, on l'appelle Splendide Ciel ; le siège de son gouvernement étant en haut, on l'appelle Sublime Souverain » (Commentaire du *Tcheou-li*).

[303] *Tchoang-tseu*, ch. XI.

[304] L'emploi du même mot « nature » dans les deux sens, dans les langues occidentales, tout en étant d'ailleurs inévitable, n'est pas sans produire certaines confusions ; en arabe, la Nature primordiale est *El-Fitrah*, tandis que la nature manifestée est *et-tabiyah*.

[305] Nous prenons ici le mot « physique » au sens ancien et étymologique de « science de la nature » en général ; mais, en anglais, l'expression *natural philosophy*, qui en était originairement synonyme, a servi longtemps dans les temps modernes, et au moins jusqu'à Newton, à

désigner même la « physique » au sens restreint et « spécialisé » où on l'entend d'ordinaire à notre époque.

[306] On pourra se rappeler à ce propos la parole de l'Évangile : « *Regnum Dei intra vos est.* »

[307] Nous retrouvons ici le double sens du mot grec *theion*.

[308] Naturellement, ces considérations, qui relèvent proprement de l'hermétisme, vont beaucoup plus loin que la simple philosophie exotérique ; mais c'est que celle-ci a en effet besoin, par là même qu'elle n'est qu'exotérique, d'être justifiée par quelque chose qui la dépasse.

[309] C'est en ce sens que « Dieu » et la « Nature » se trouvent inscrits en quelque sorte symétriquement dans les symboles du 14e degré de la Maçonnerie écossaise.

[310] On voit par là que la définition bien connue de Dieu comme « acte pur » s'applique en réalité, non pas à l'Être même comme certains le croient, mais seulement au pôle actif de la manifestation ; en termes extrême-orientaux, on dirait qu'elle se rapporte à *Tien* et non à *Tai-ki*.

[311] Les historiens de la philosophie ont assez généralement l'habitude d'attribuer ces expressions à Spinoza ; mais c'est là une erreur, car, s'il est vrai que celui-ci les a employées en effet, en les accommodant d'ailleurs à ses conceptions particulières, il n'en est certes pas l'auteur et elles remontent beaucoup plus loin en réalité. — Quand on parle de *Natura* sans spécifier autrement, c'est presque toujours de la *Natura naturata* qu'il s'agit, bien que parfois ce terme puisse aussi comprendre à la fois la *Natura naturans* et la *Natura naturata* ; dans ce dernier cas, il n'a pas de corrélatif car il n'y a hors de lui que le Principe d'une part et la manifestation de l'autre, tandis que, dans le premier cas, c'est proprement la *Natura* du ternaire que nous venons d'envisager.

[312] Le mot *natura* en latin, de même que son équivalent *phusis* en grec, contient essentiellement l'idée de « devenir » : la nature manifestée est « ce qui devient », les principes dont il s'agit ici sont « ce qui fait devenir ».

[313] *Lie-tseu*.

[314] Il s'agit proprement ici du « vide de forme », c'est-à-dire de l'état informel.

[315] *Tchoang-tseu*, ch. XXI.

[316] C'est la « sortie du Cosmos » à laquelle nous avons fait allusion à propos de l'extrémité du mât dépassant le dais du char.

[317] Descartes aussi, d'ailleurs, s'attache surtout à la « physique » ; mais il prétend la construire par raisonnement déductif, sur le modèle des mathématiques, tandis que Bacon veut au contraire l'établir sur une base tout expérimentale.

[318] À part, bien entendu, les réserves qu'il y aurait lieu de faire sur la façon toute profane dont les sciences sont déjà conçues alors ; mais nous parlons seulement ici de ce qui est reconnu comme objet de connaissance, indépendamment du point de vue sous lequel il est envisagé.

[319] Ces trois phases secondaires sont désignées par Comte sous les noms de « fétichisme », de « polythéisme » et de « monothéisme » ; il est à peine besoin de dire ici que, tout au contraire, c'est le « monothéisme », c'est-à-dire l'affirmation du Principe un, qui est nécessairement à l'origine ; et même, en réalité, ce « monothéisme » seul a existé toujours et partout, sauf du fait de l'incompréhension du vulgaire et dans un état d'extrême dégénérescence de certaines formes traditionnelles.

[320] Comte suppose d'ailleurs que, partout où il est ainsi parlé de la « Nature », celle-ci doit être plus ou moins « personnifiée », comme elle le

fut en effet dans certaines déclamations philosophico-littéraires du XVIIIe siècle.

[321] Il est bien évident que ce n'est en effet qu'une simple hypothèse, et même une hypothèse fort mal fondée, que Comte affirme ainsi « dogmatiquement » en lui donnant abusivement le nom de « loi ».

[322] L'« Humanité », conçue comme la collectivité de tous les hommes passés, présents et futurs, est chez lui une véritable « personnification », car, dans la partie pseudo-religieuse de son œuvre, il l'appelle le « Grand Être » ; on pourrait voir là comme une sorte de caricature profane de l'« Homme Universel ».

[323] Notamment dans son *Histoire philosophique du Genre humain* ; c'est de la dissertation introductive de cet ouvrage (publié d'abord sous le titre *De l'État social de l'Homme*) que sont tirées, sauf indication contraire, les citations qui suivent. — Dans les *Examens des Vers dorés de Pythagore*, parus antérieurement, on trouve aussi des vues sur ce sujet, mais exposées d'une façon moins nette : Fabre d'Olivet semble parfois y regarder le Destin et la Volonté comme corrélatifs, la Providence dominant à la fois l'un et l'autre, ce qui ne s'accorde pas avec la correspondance que nous avons en vue présentement. — Signalons incidemment que c'est sur une application de la conception de ces trois puissances universelles à l'ordre social que Saint-Yves d'Alveydre a construit sa théorie de la « synarchie ».

[324] Il semble du reste n'en avoir guère connu que le côté confucianiste, bien que, dans les *Examens des Vers dorés de Pythagore*, il lui arrive une fois de citer *Lao-tseu*.

[325] Cette expression doit être entendue ici en un sens restreint, car il ne semble pas que la conception en soit étendue au-delà de l'état proprement humain ; il est évident en effet que, lorsqu'elle est transposée

à la totalité des états de l'être, on ne saurait plus parler de « règne hominal », ce qui n'a réellement de sens que dans notre monde.

[326] Il faut se souvenir, ici encore, que c'est le centre qui contient tout en réalité.

[327] On se rappellera ce que nous avons dit, à propos des « trois mondes », de la correspondance plus particulière de l'Homme avec le domaine animique ou psychique.

[328] Celle-ci est entendue ici au sens le plus général, et elle comprend alors, comme « trois natures dans une seule Nature », l'ensemble des trois termes du « ternaire universel », c'est-à-dire en somme tout ce qui n'est pas le Principe même.

[329] Ce terme est impropre, puisque la potentialité appartient au contraire à l'autre pôle de la manifestation ; il faudrait dire « principiellement » ou « en essence ».

[330] Ailleurs, Fabre d'Olivet désigne, comme les agents respectifs des trois puissances universelles, les êtres que les Pythagoriciens appelaient les « Dieux immortels », les « Héros glorifiés » et les « Démons terrestres », « relativement à leur élévation respective et à la position harmonique des trois mondes qu'ils habitaient » (*Examens des Vers dorés de Pythagore*, 3e Examen).

[331] Collaborer ainsi avec la Providence, c'est ce qui s'appelle proprement, dans la terminologie maçonnique, travailler à la réalisation du « plan du Grand Architecte de l'Univers » (cf. *Aperçus sur l'Initiation*, ch. XXXI).

[332] C'est ce que les Rosicruciens exprimaient par l'adage *Sapiens dominabitur astris*, les « influences astrales » représentant, comme nous l'avons expliqué plus haut, l'ensemble de toutes les influences émanant du

milieu cosmique et agissant sur l'individu pour le déterminer extérieurement.

[333] Ceci identifie au fond le bien et le mal aux deux tendances contraires que nous allons indiquer, avec toutes leurs conséquences respectives.

[334] *Examens des Vers dorés de Pythagore*, 12ᵉ Examen.

[335] Ce sont les deux tendances contraires, l'une ascendante et l'autre descendante, qui sont désignées comme *sattwa* et *tamas* dans la tradition hindoue.

[336] Ce triangle se retrouve dans le symbolisme maçonnique, et nous y avons fait allusion à propos de l'équerre du Vénérable ; le triangle complet apparaît lui-même dans les insignes du *Past Master*. Disons à cette occasion qu'une partie notable du symbolisme maçonnique est dérivée directement du Pythagorisme, par une « chaîne » ininterrompue, à travers les *Collegia fabrorum* romains et les corporations de constructeurs du moyen âge ; le triangle dont il s'agit ici en est un exemple, et nous en avons un autre dans l'Étoile flamboyante, identique au *Pentalpha* qui servait de « moyen de reconnaissance » aux Pythagoriciens (cf. *Aperçus sur l'Initiation*, ch. XVI).

[337] Nous retrouvons ici 3 comme nombre « céleste » et 5 comme nombre « terrestre », comme dans la tradition extrême-orientale, bien que celle-ci ne les envisage pas ainsi comme corrélatifs, puisque 3 s'y associe à 2 et 5 à 6, ainsi que nous l'avons expliqué plus haut ; quant à 4, il correspond à la croix comme symbole de l'« Homme Universel ».

[338] Ce domaine est en effet le second des « trois mondes », qu'on les envisage d'ailleurs dans le sens ascendant ou dans le sens descendant ; l'élévation aux puissances successives, représentant des degrés d'universalisation croissante, correspond au sens ascendant (cf. *Le*

Symbolisme de la Croix, ch. XII, et *Les Principes du Calcul infinitésimal*, ch. XX).

[339] D'après le schéma donné par Fabre d'Olivet, ce centre de la sphère animique est en même temps le point de tangence des deux autres sphères intellectuelle et instinctive, dont les centres sont situés en deux points diamétralement opposés de la circonférence de cette même sphère médiane : « Ce centre, en déployant sa circonférence, atteint les autres centres, et réunit sur lui-même les points opposés des deux circonférences qu'ils déploient (c'est-à-dire le point le plus bas de l'une et le point le plus haut de l'autre), en sorte que les trois sphères vitales, en se mouvant l'une dans l'autre, se communiquent leurs natures diverses, et portent de l'une à l'autre leur influence réciproque. » — Les circonférences représentatives de deux sphères consécutives (intellectuelle et animique, animique et instinctive) présentent donc la disposition dont nous avons signalé les propriétés à propos de la figure 3, chacune d'elles passant par le centre de l'autre.

[340] Cf. *Le Symbolisme de la Croix*, ch. V.

[341] On se souviendra de ce que nous avons indiqué plus haut au sujet du caractère « sattwique » ou « tamasique » que prend la Volonté humaine, neutre ou « rajasique » en elle-même, suivant qu'elle s'allie à la Providence ou au Destin.

[342] Ceci doit être rapproché de ce que nous avons dit des deux hémisphères à propos de la double spirale, et aussi de la division du symbole du *yin-yang* en ses deux moitiés.

[343] Cf. *Aperçus sur l'Initiation*, ch. XLVIII.

[344] *Le Règne de la Quantité et les Signes des Temps*, ch. V.

[345] Il n'y a pas lieu de parler ici de l'« homme transcendant », puisque celui-ci est entièrement au-delà de la condition temporelle aussi bien que

de toutes les autres ; mais, s'il arrive qu'il se situe dans l'état humain suivant ce que nous avons expliqué précédemment, il y occupe *a fortiori* la position centrale à tous les égards.

[346]   Cf. *Aperçus sur l'Initiation*, ch. XLII, et aussi *L'Ésotérisme de Dante*, ch. VIII.

[347]   Si l'« homme véritable » peut exercer une influence en un moment quelconque du temps, c'est que, du point central où il est situé, il peut, à volonté, rendre ce moment présent pour lui.

[348]   À plus forte raison en est-il ainsi au regard du Principe ; remarquons à ce propos que le Tétragramme hébraïque est considéré comme constitué grammaticalement par la contraction des trois temps du verbe « être » ; par là, il désigne le Principe, c'est-à-dire l'Être pur, qui enveloppe en lui-même les trois termes du « ternaire universel », suivant l'expression de Fabre d'Olivet, comme l'Éternité qui lui est inhérente enveloppe en elle-même le « triple temps ».

[349]   Dans les *Examens des Vers dorés de Pythagore* (12e Examen), il dit en effet que « la puissance de la volonté s'exerce sur les choses à faire ou sur l'avenir ; la nécessité du destin, sur les choses faites ou sur le passé… La liberté règne dans l'avenir, la nécessité dans le passé, et la providence sur le présent ». Cela revient à faire de la Providence le terme médian, et, en attribuant la « liberté » comme caractère propre à la Volonté, à présenter celle-ci comme l'opposé du Destin, ce qui ne saurait aucunement s'accorder avec les rapports réels des trois termes, tels qu'il les a exposés lui-même un peu plus tard.

[350]   On peut dire en effet que la Volonté travaille en vue de l'avenir, en tant que celui-ci est une suite du présent, mais, bien entendu, ce n'est nullement la même chose que de dire qu'elle opère directement sur l'avenir lui-même comme tel.

[351] Cela est évident, puisqu'elle correspond à ce qui est supérieur à l'état humain, dont le temps n'est qu'une des conditions spéciales ; mais il conviendrait d'ajouter, pour plus de précision, qu'elle se sert du temps en tant que celui-ci est, pour nous, dirigé « en avant », c'est-à-dire dans le sens de l'avenir, ce qu'implique du reste le fait que le passé appartient au Destin.

[352] Il semble que ceci soit une allusion à ce que les scolastiques appelaient *aevum* ou *aeviternitas*, termes qui désignent des modes de durée autres que le temps et conditionnant les états « angéliques », c'est-à-dire supra-individuels, qui apparaissent en effet comme « célestes » par rapport à l'état humain.

[353] *Qorân*, VI, 59.

[354] Nous disons notamment, car il va de soi que ce n'est là en réalité qu'une partie infinitésimale des « choses cachées » (*el-ghaybu*), qui comprennent tout le non-manifesté.

[355] Notamment dans l'*Absconditorum Clavis* de Guillaume Postel. — On pourra remarquer que le titre de ce livre est l'équivalent littéral de l'expression qorânique que nous avons citée un peu plus haut.

[356] Cf. la figure de la *Rota Mundi* donnée par Leibnitz dans son traité *De Arte combinatoria* (voir *Les Principes du Calcul infinitésimal*, Avant-propos) ; on remarquera que cette figure est celle d'une roue à huit rayons, comme le *Dharma-chakra* dont nous parlerons plus loin.

[357] Cf. *Le Règne de la Quantité et les Signes des Temps*, ch. III.

[358] En astrologie, c'est le signe du Soleil, qui est en effet, pour nous, le centre du monde sensible, et qui, pour cette raison, est pris traditionnellement comme un symbole du « Cœur du Monde » (cf. *Aperçus sur l'Initiation*, ch. XLVII) ; nous avons déjà suffisamment parlé du symbolisme des « rayons solaires » pour qu'il soit à peine besoin de le

rappeler à ce propos. En alchimie, c'est le signe de l'or, qui, en tant que « lumière minérale », correspond, parmi les métaux, au Soleil parmi les planètes. Dans la science des nombres, c'est le symbole du dénaire, en tant que celui-ci constitue un cycle numéral complet ; à ce point de vue, le centre est 1 et la circonférence 9, formant ensemble le total 10, car l'unité, étant le principe même des nombres, doit être placée au centre et non sur la circonférence, dont la mesure naturelle, d'ailleurs, ne s'effectue pas par la division décimale, ainsi que nous l'avons expliqué plus haut, mais par une division suivant des multiples de 3, 9 et 12.

[359] Pour tout ceci, on pourra se reporter aux considérations que nous avons développées dans *Le Règne de la Quantité et les Signes des Temps*.

[360] Les formes qu'on rencontre le plus habituellement sont les roues à six et huit rayons, et aussi à douze et seize, nombres doubles de ceux-là.

[361] Nous avons parlé ailleurs des rapports de cette figure avec celle du *swastika* (*Le Symbolisme de la Croix*, ch. X).

[362] Voir plus haut, fig. 13 et 14.

[363] On aura ainsi par exemple, dans le seul ordre de l'existence terrestre, les quatre moments principaux de la journée, les quatre phases de la lunaison, les quatre saisons de l'année, et aussi, d'autre part, les quatre âges traditionnels de l'humanité, aussi bien que ceux de la vie humaine individuelle, c'est-à-dire en somme, d'une façon générale, toutes les correspondances quaternaires du genre de celles auxquelles nous avons déjà fait allusion dans ce qui précède.

[364] Cf. la « roue de la Fortune » dans l'antiquité occidentale, et le symbolisme de la 10e lame du Tarot.

[365] Le centre doit d'ailleurs être conçu comme contenant principiellement la roue tout entière, et c'est pourquoi Guillaume Postel décrit le centre de l'*Éden* (qui est lui-même à la fois le « centre du monde »

et son image) comme « la Roue dans le milieu de la Roue », ce qui correspond à ce que nous avons expliqué à propos du *Ming-tang*.

[366] On pourrait donc concevoir la réaction du principe passif comme une « résistance » qui arrête les influences émanées du principe actif et limite leur champ d'action ; c'est d'ailleurs ce qu'indique aussi le symbolisme du « plan de réflexion ».

[367] Il faut avoir soin de remarquer que, ici, ces deux mouvements sont tels par rapport au Principe, et non par rapport à la manifestation, ceci afin d'éviter les erreurs auxquelles on pourrait être conduit si l'on négligeait de faire l'application du « sens inverse ».

[368] Cf. *Le Symbolisme de la Croix*, ch. XVI.

[369] Sur cette même figure, expliquée par les équivalences numériques de ses éléments, voir aussi L.-Cl. de Saint-Martin, *Tableau naturel des rapports qui existent entre Dieu, l'Homme et l'Univers*, ch. XVIII. On désigne habituellement cet ouvrage sous le titre abrégé de *Tableau naturel*, mais nous donnons ici le titre complet pour faire remarquer que, le mot « Univers » y étant pris dans le sens de « Nature » en général, il contient la mention explicite du ternaire *Deus, Homo, Natura*.

[370] Pour donner de ceci un autre exemple qui se rapporte au même sujet, dans la tradition hindoue et quelquefois aussi dans la tradition extrême-orientale, le Ciel et la Terre sont représentés comme les deux roues du « char cosmique » ; l'« Axe du Monde » est alors figuré par l'essieu qui unit ces deux roues en leurs centres, et qui, pour cette raison, doit être supposé vertical, comme le « pont » dont nous avons parlé précédemment. Dans ce cas, la correspondance des différentes parties du char n'est évidemment pas la même que lorsque, comme nous l'avons dit plus haut, ce sont le dais et le plancher qui représentent respectivement le Ciel et la Terre, le mât étant alors la figure de l'« Axe du Monde » (ce qui

correspond à la position normale d'un char ordinaire) ; ici, d'ailleurs, les roues du char ne sont pas prises spécialement en considération.

[371] Cf. *L'Ésotérisme de Dante*, ch. VIII.

[372] Ce « retournement » résulte d'ailleurs du fait que, dans le premier cas, l'homme est placé à l'extérieur de la circonférence (représentant alors la surface terrestre), tandis que, dans le second, il est à son intérieur.

[373] C'est pour affirmer encore davantage cette correspondance, déjà marquée par la forme même des parties du corps aussi bien que par leur situation respective, que les anciens Confucianistes portaient un bonnet rond et des souliers carrés, ce qui est à rapprocher aussi de ce que nous avons dit plus haut au sujet de la forme des vêtements rituels des princes.

[374] Nous évitons l'emploi du terme « Église », qui, bien qu'ayant étymologiquement à peu près la même signification, a pris dans le Christianisme un sens spécial qui ne peut pas s'appliquer ailleurs, de même que le terme « Synagogue », qui a encore plus exactement la même signification originelle, a pris de son côté un sens spécifiquement judaïque.

[375] On pourra se souvenir ici de ce que nous avons dit au début au sujet du rôle similaire du terme *houei*, ou de ce qu'il représente, dans le cas de la *Tien-ti-houei*.

[376] Nous avons déjà expliqué ce point de vue, dans un autre cas, à propos de la situation « centrale » attribuée à l'Empire chinois.

[377] Les *Bodhisattwas*, que l'on pourrait faire correspondre au degré de l'« homme transcendant », échappent par là même au domaine de la communauté terrestre et résident proprement dans les « Cieux », d'où ils ne « reviennent », par voie de réalisation « descendante », que pour se manifester comme *Buddhas*.

[378] Ce n'est d'ailleurs qu'à cet égard que le nom de *Buddha* lui est donné et qu'il lui convient réellement, puisque ce n'est pas un nom propre individuel, lequel, au surplus, ne saurait plus s'appliquer véritablement en pareil cas (cf. *Aperçus sur l'Initiation*, ch. XXVII).

[379] Dire que ces caractères sont symboliques, bien entendu, ne veut nullement dire qu'ils n'aient pas été possédés en fait par un personnage réel (et nous dirions même volontiers d'autant plus réel que son individualité s'efface davantage devant ces caractères) ; nous avons déjà parlé assez souvent de la valeur symbolique qu'ont nécessairement les faits historiques eux-mêmes pour qu'il n'y ait pas lieu d'y insister davantage (cf. notamment *Le Symbolisme de la Croix*, Avant-propos), et nous rappellerons seulement encore une fois, à cette occasion, que « la vérité historique elle-même n'est solide que quand elle dérive du Principe » (*Tchoang-tseu*, ch. XXV).

[380] Pour plus de précisions à ce sujet, nous ne saurions mieux faire que de renvoyer aux divers travaux dans lesquels Ananda K. Coomaraswamy a traité cette question, notamment ses *Elements of Buddhist Iconography* et *The Nature of Buddhist Art*.

[381] On pourra, à ce propos, se reporter à ce que nous avons dit plus haut sur l'« homme transcendant » et l'« homme véritable », et sur les rapports des différents degrés des hiérarchies taoïste et confucianiste.

[382] La racine *dhri* signifie porter, supporter, soutenir, maintenir.

[383] La racine *dhri* est apparentée, comme forme et comme sens, à une autre racine *dhru*, de laquelle dérive le mot *dhruva* qui désigne le pôle ; aussi peut-on dire que l'idée de « pôle » ou d'« axe » du monde manifesté joue un rôle important dans la conception même du *dharma*. — Sur la stabilité ou l'immobilité comme reflet inversé de l'immutabilité

principielle au point le plus bas de la manifestation, cf. *Le Règne de la Quantité et les Signes des Temps*, ch. XX.

[384] Il peut s'agir en cela, suivant les cas, soit de nécessité logique ou mathématique, soit de nécessité « physique », soit encore de nécessité dite « morale », assez improprement d'ailleurs ; le *Dharma* bouddhique rentre naturellement dans ce dernier cas.

[385] Le *Dharma-chakra* ou « roue de la Loi » est généralement une roue à huit rayons ; ceux-ci, qui peuvent naturellement être mis en rapport, dans le symbolisme spatial, avec les quatre points cardinaux et les quatre points intermédiaires, correspondent, dans le Bouddhisme même, aux huit sentiers de la « Voie Excellente », ainsi qu'aux huit pétales du « Lotus de la Bonne Loi » (qu'on peut aussi comparer, d'autre part, aux huit « béatitudes » de l'Évangile). Une disposition similaire se retrouve par ailleurs dans les huit *koua* ou trigrammes de Fo-hi ; on peut noter à ce propos que le titre du *Yi-king* est interprété comme signifiant « Livre des mutations » ou « des changements dans la révolution circulaire », sens qui présente un rapport évident avec le symbolisme de la roue.

[386] Il joue donc en cela un rôle similaire à celui du *Chakravartî* ou « monarque universel » dans une autre application du symbolisme de la roue ; il est d'ailleurs dit que *Shâkya-Muni* eut à choisir entre la fonction du *Buddha* et celle du *Chakravartî*.

[387] Cette absence de rapport avec le *Dharma* correspond à l'état du *Pratyêka-Buddha*, qui, parvenu au terme de la réalisation totale, ne « redescend » pas dans la manifestation.

[388] Pour ce qui concerne plus particulièrement le symbolisme du pôle, nous renverrons à notre étude sur *Le Roi du Monde*.

[389] Ce sont les deux extrémités de l'essieu du « char cosmique », lorsque les deux roues de celui-ci représentent le Ciel et la Terre, avec la

signification qu'ont ces deux termes dans le *Tribhuvana*.

[390] Voir les considérations que nous avons exposées à ce sujet dans *Le Symbolisme de la Croix*.

[391] Voir B. Favre, *Les Sociétés secrètes en Chine*, ch. VIII. — L'auteur a bien vu ce qu'est le symbole du boisseau dont il sera question tout à l'heure, mais il n'a pas su en dégager les conséquences les plus importantes.

[392] Cf. *L'Ésotérisme de Dante*, ch. V.

[393] Sur le « séjour d'immortalité », cf. *Le Roi du Monde*, ch. VII et *Le Règne de la Quantité et les Signes des Temps*, ch. XXIII.

[394] Dans le symbolisme maçonnique, l'acacia se trouve aussi dans la « Chambre du Milieu ».

[395] Cf. *Le Roi du Monde*, ch. III, et *Le Symbolisme de la Croix*, ch. VII et VIII. — C'est aussi la *Pax profunda* des Rose-Croix ; et l'on se souviendra, d'autre part, que le nom de la « Grande Paix » (*Tai-ping*) fut adopté, au XIXe siècle, par une organisation émanée de la *Pe-lien-houei*.

[396] Ce n'est encore, pour l'« homme véritable », que l'immortalité virtuelle, mais qui deviendra pleinement effective par le passage direct, à partir de l'état humain, à l'état suprême et inconditionné (cf. *L'Homme et son devenir selon le Védânta*, ch. XVIII).

[397] On pourrait faire ici un rapprochement avec les étendards du « Camp des Princes » dans le « tableau » du 32e degré de la Maçonnerie écossaise, où, par une coïncidence plus extraordinaire encore, on trouve au surplus, parmi plusieurs mots étranges et difficiles à interpréter, le mot *Salix* qui signifie précisément « saule » en latin ; nous ne voulons d'ailleurs tirer aucune conséquence de ce dernier fait, que nous indiquons seulement à titre de curiosité. — Quant à la présence du riz dans le boisseau, elle évoque les « vases d'abondance » des diverses traditions

dont l'exemple le plus connu en Occident est le Graal, et qui ont aussi une signification « centrale » (voir *Le Roi du Monde*, ch. V) ; le riz représente ici la « nourriture d'immortalité », qui a d'ailleurs pour équivalent le « breuvage d'immortalité ».

[398] Il n'y a là aucun « calembour », contrairement à ce que dit B. Favre ; le boisseau est bien réellement ici le symbole même de la Grande Ourse, comme la balance le fut à une époque antérieure, car, suivant la tradition extrême-orientale, la Grande Ourse était appelée « Balance de jade », c'est-à-dire, selon la signification symbolique du jade, Balance parfaite (comme ailleurs la Grande Ourse et la Petite Ourse furent assimilées aux deux plateaux d'une balance), avant que ce nom de la Balance fût transféré à une constellation zodiacale (cf. *Le Roi du Monde*, ch. X).

[399] Le riz (qui équivaut naturellement au blé dans d'autres traditions) a aussi une signification en rapport avec ce point de vue, car la nourriture symbolise la connaissance, la première étant assimilée corporellement par l'être comme la seconde l'est intellectuellement (cf. *L'Homme et son devenir selon le Vêdânta*, ch. IX). Cette signification se rattache d'ailleurs immédiatement à celle que nous avons déjà indiquée : en effet, c'est la connaissance traditionnelle (entendue au sens de connaissance effective et non pas simplement théorique) qui est la véritable « nourriture d'immortalité », ou, suivant l'expression évangélique, le « pain descendu du Ciel » (*Saint Jean*, VI), car « l'homme ne vit pas seulement de pain (terrestre), mais de toute parole qui sort de la bouche de Dieu » (*Saint Matthieu*, IV, 4 ; *Saint Luc*, IV, 4), c'est-à- dire, d'une façon générale, qui émane d'une origine « supra-humaine ». — Signalons à ce propos que l'expression *ton arton ton epiousion*, dans le texte grec du *Pater*, ne signifie nullement « le pain quotidien », comme on a l'habitude de la traduire,

mais bien littéralement « le pain supraessentiel » (et non « suprasubstantiel » comme le disent certains, du fait de la confusion sur le sens du terme *ousia* que nous avons indiquée dans *Le Règne de la Quantité et les Signes des Temps*, ch. Ier), ou « supracéleste » si l'on entend le Ciel au sens extrême-oriental, c'est-à-dire procédant du Principe même et donnant par conséquent à l'homme le moyen de se mettre en communication avec celui-ci.

[400] La Grande Ourse est aussi, d'autre part, figurée actuellement encore au plafond de beaucoup de Loges maçonniques, même « spéculatives ».

[401] Nous signalons tout particulièrement ceci à l'attention de ceux qui prétendent que nous « faisons du *swastika* le signe du pôle », alors que nous disons seulement que tel est en réalité son sens traditionnel ; peut-être ne pourront-ils tout de même pas aller jusqu'à supposer que c'est nous qui avons « fait » aussi les rituels de la Maçonnerie opérative !

[402] Ce même point est aussi, dans la Kabbale hébraïque, celui où est suspendue la balance dont il est question dans le *Siphra di-Tseniutha*, car c'est sur le pôle que repose l'équilibre du monde ; et ce point est désigné comme « un lieu qui n'est pas », c'est-à-dire comme le « non-manifesté », ce qui correspond, dans la tradition extrême-orientale, à l'assimilation de l'Étoile polaire, en tant que « faîte du Ciel », au « lieu » du Principe lui-même ; ceci est également en rapport avec ce que nous avons dit plus haut de la balance à propos de la Grande Ourse. Les deux plateaux de la balance, avec leur mouvement alternatif de montée et de descente, se réfèrent naturellement aux vicissitudes du *yin* et du *yang* ; la correspondance avec le *yin* d'un côté et le *yang* de l'autre vaut d'ailleurs, d'une façon générale, pour tous les symboles doubles qui présentent une symétrie axiale.

[403] La substitution du G au *iod* est indiquée notamment, mais sans que la raison en soit expliquée, dans la *Récapitulation de toute la Maçonnerie ou description et explication de l'Hiéroglyphe universel du Maître des Maîtres*, ouvrage anonyme attribué à Delaulnaye.

[404] Il en est même qui semblent croire que ce n'est qu'après coup que la lettre G aurait été regardée comme l'initiale de *God* ; ceux-là ignorent évidemment le fait de sa substitution au *iod*, qui est ce qui lui donne toute sa véritable signification au point de vue ésotérique et initiatique.

[405] Les rituels récents du grade de Compagnon, pour trouver cinq interprétations de la lettre G, lui donnent souvent des sens qui sont plutôt forcés et insignifiants ; ce grade a d'ailleurs été particulièrement maltraité, si l'on peut dire, par suite des efforts qui ont été faits pour le « moderniser ». — Au centre de l'Étoile flamboyante, la lettre G représente le principe divin qui réside dans le « cœur » de l'homme « deux fois né » (cf. *Aperçus sur l'Initiation*, ch. XLVIII).

[406] On sait que la valeur numérique de cette lettre est 10, et nous renverrons, à ce propos, à ce qui a été dit plus haut sur le symbolisme du point au centre du cercle.

[407] Peut-être aurons-nous quelque jour l'occasion d'étudier le symbolisme géométrique de certaines lettres de l'alphabet latin et l'usage qui en a été fait dans les initiations occidentales.

[408] Le caractère *i* est aussi un trait rectiligne ; il ne diffère de la lettre latine I qu'en ce qu'il est placé horizontalement au lieu de l'être verticalement. — Dans l'alphabet arabe, c'est la première lettre *alif*, valant numériquement l'unité, qui a la forme d'un trait rectiligne vertical.

[409] *Paradiso*, XXVI, 133-134. — Dans une épigramme attribuée à Dante, la lettre I est appelée la « neuvième figure », suivant son rang dans l'alphabet latin, bien que le *iod* auquel elle correspond soit la dixième

lettre de l'alphabet hébraïque ; on sait d'autre part que le nombre 9 avait pour Dante une importance symbolique toute particulière, comme on le voit notamment dans la *Vita Nuova* (cf. *L'Ésotérisme de Dante*, ch. II et VI).

[410] Voir Luigi Valli, *Il Linguaggio segreto di Dante e dei « Fedeli d'Amore »*, vol. II, pp. 120-121, où se trouve la reproduction de cette figure.

[411] Ces remarques auraient pu être utilisées par ceux qui ont cherché à établir des rapprochements entre la *Tien-ti-houei* et les initiations occidentales ; mais il est probable qu'ils les ont ignorées, car ils n'avaient sans doute guère de données précises sur la Maçonnerie opérative, et encore moins sur les *Fedeli d'Amore*.

[412] *Le Roi du Monde*, ch. VII, et *Le Symbolisme de la Croix*, ch. IV.

[413] Cf. *Le Symbolisme de la Croix*, ch. VII. — On pourrait, si l'on veut, prendre comme type de ces oppositions celle du « bien » et du « mal », mais à la condition d'entendre ces termes dans leur acception la plus étendue, et de ne pas s'en tenir exclusivement au sens simplement « moral » qu'on leur donne le plus ordinairement ; encore ne serait-ce là rien de plus qu'un cas particulier, car, en réalité, il y a bien d'autres genres d'oppositions qui ne peuvent aucunement se ramener à celui-là, par exemple celles des éléments (feu et eau, air et terre) et des qualités sensibles (sec et humide, chaud et froid).

[414] Cf. *Le Règne de la Quantité et les Signes des Temps*, ch. XXIII.

[415] *Le Symbolisme de la Croix*, ch. XX.

[416] C'est encore ici un cas de « retournement » symbolique résultant du passage de l'« extérieur » à l'« intérieur », car ce point central est évidemment « intérieur » par rapport à toutes choses, bien que d'ailleurs, pour celui qui y est parvenu, il n'y ait plus réellement ni « extérieur » ni « intérieur », mais seulement une « totalité » absolue et indivisée.

[417] *Tao-te-king*, ch. Ier.